KB028230

우리 옆집에는 사이코패스가 산다

우리 옆집에는 사이코패스가 산다

Psychopathy:
The Mask of
Insanity

서종한 지음

시간
여행

나의 친구이자 동료인 서종한 교수는 사이코패스 연구에 선도적인 학자이다. 이번 책을 통해 사이코패스의 충격적인 마인드에 대한 심오한 통찰을 제공해 줄 것이다. 한국 사이코패스 연구에 중요한 이정표를 제시해 줄 것으로 믿는다. 서종한 교수는 사이코패스에 관한 과학적 연구를 체계적으로 제시하면서 다양한 실제 사례, 영화, 드라마, 픽션을 들어 독자들에게 여러가지 형태로 이해의 폭을 넓혀주고 있다. 이 책은 교양과 전문적인 내용을 아우르고 있어 학자, 실무자, 일반 대중이 폭 넓게 읽히기 충분하다.

Professor Sea is a leading scholar of psychopathy; in this book he provides insight into the disturbing minds of psychopathic individuals. This is a landmark volume in Korea. Professor Sea not only draws on his extensive scientific research, but he also blends famous cases, movies, drama and fiction to give the reader the broadest understanding of psychopathic people in all their guises. This is an invaluable primer for scholars, practitioners and the general public that should be widely read.

베르켄 대학교 심리학과 교수 / 사이코패스 3모델의 창시자 데이비드 쿡(David J. Cooke)

사이코패시 퍼즐은 우리를 매료 시키기도 공포에 떨게 하기도 한다. 나의 제자였던 서종한 교수는 이 책을 통해 과학자들이 발견해 온 다양한 퍼즐 조각을 분명하면서도 설득력 있게 전달하고 있다. 또한 사회와 사람들에게 미치는 사이코패시의 위험성을 경감시키는 노력에 대한 의미를 던져주고 있다. 이 책은 사이코패스 심연을 들여다보게 함으로써 인간 본연의 다양성과 본질을 다시금 깨치게 한다.

The puzzle of psychopathy is one that both fascinates and terrifies us. In this book, Professor Sea provides a clear and compelling account of the puzzle pieces that have been identified by scientists, as well as what they mean for our efforts to mitigate the harm caused by psychopathy both to people with the disorder and to society at large. The result is a glimpse inside the psychopathic mind that reminds us of the essence, and the diversity, of human nature.

사이먼프레이저대학교 심리학과 교수/PCL: SV의 저자 스티븐 하트(Stephen D. Hart)

사이코패스, 피할 수 없는 사람들…

진단명 사이코패스. 아직도 국내의 일부 학자들은 사이코패스 개념에 대해 의문을 제기하며 그 존재에 물음표를 단다. 오히려 사이코패스라는 라벨링을 통해 범죄행위에 당위성을 부여하고 그럴 수밖에 없는 그들의 행위를 단순화하는 것이라고 주장한다.

이를테면 '사이코패스니깐 성범죄를 저질렀고, 성범죄를 저질렀으니깐 사이코패스다'라는 순환론적 오류라는 식이다. 이런 과정은 사회의 범죄 해결에 아무런 도움을 주지 못한다고 반박한다.

사이코패스는 필립 피넬에 의해 제기된 이래, 300년간 꾸준히 그 개념을 발달시켜 왔다. 1950대부터 카프먼과 버스, 그리고 허비 클렉클리가 이론적 개념을 확장했다. 1980년에 로버트 헤어는 조작적으로 '사이코패시' 개념을 명확하게 정립시켰다.

"과연 사이코패스는 존재하는 것일까?"라는 물음에 필자는 이 책의 전반에 걸쳐서 이론적 근거를 제시하며 논증했다.

허비 클렉클리는 사이코패스를 정상인의 가면을 쓴 사람들이라 칭했다. 로버트 헤어는 사이코패스를 냉담하고, 무정하며, 충동적이며, 죄책감이나 후회를 느끼지 못하는 사람들이라 정의한다. 그가 출판한 책 《진단명: 사이코패스》에 따르면 정서적으로 피상적이고 자기중심적인 사람으로 설명했다.

물론 앞서 사이코패스를 연구한 선각자 대부분은 유럽 혹은 북미의 학자들이었다. 그렇다면 "이런 유의 사이코패스가 과연 한국에도 존재하느냐!"라는 의문을 제기할 수 있다. 필자의 초청으로 한국을 방문했던 데이비드 쿡(David Cooke) 교수는 사이코패스 개념이 대체로 동양과 서양을 가리지 않고 나타난다고 보았다. 다만 사이코패스 증상이 문화마다 발현되는 양상이 다소 다르게 나타날 수 있다고 지적했다.

즉, 한국과 같은 동양 문화에서는 사회적 규범에 반하는 일탈적 행동이 억눌릴 수밖에 없고 따라서 사이코패스 비율이 낮아질 수밖에 없다고 보았다. 하지만 대인관계에서 주변 사람에게 아첨을 떨거나 거짓말하는 경우, 겉과 속이 다른 가식성과 이중성은 서양인보다 동양권 사이코패스에게서 더 확연히 나타난다고 했다. 이런 점은 이란 등과 같은 중앙아시아에서도 비슷하다.

소수의 사람은 성적 쾌락에 탐닉하는 범죄형 사이코패스의 피해자가 된다. 언론을 통해 가장 많이 알려진 정두영, 김해선, 유영철, 정남규, 강호순, 이춘재는 모두 연쇄살인범이다. 흔히 우리는 이들을 사이코패스라 생각한다. 사이코패스가 아니고서는 이들의 행위를 이해할 수 없기 때문이다.

일반적인 살인과 이들의 살인은 확연하게 구분되기도 하고 그렇지 않기도 한다. 하지만 살인 그 자체에 의식적 과정을 그리며 쾌감과 희열감을 느끼는 것은 일반적인 살인범과는 뚜렷이 구분된다. 그렇다고 해서 우리는 이들을 모두 정신병자라고 하지 않는다. 이들은 현실감각과 사리 분별력이 있다는 점에서 정신병자와는 구분된다. 이들은 옳고 그름을 알고, 자신의 자유의지대로 선택한 실행의 최종 결과였다.

이 지점에서 연쇄살인범을 우리는 모두 사이코패스라고 의문 가져야 하는가. 혹은 사이코패스는 모두 연쇄살인범으로 발전하는가? 필자는 이들에 대한 과학적 실체에 답을 찾고자 했다.

두 번째 중요한 이슈는 사이코패스가 교도소에 수용된 범죄자에게만 나타나느냐는 물음이다. 우리 주변에서 우리를 괴롭히며 기만하는 사람은 없는가? 누구나 한번쯤 살면서 정상인으로서 도저히 이해할 수 없는 사람들을 만나 스트레스를 받고 깊은 심리적 고통을 입는다. 어떤 사람은 연인 관계에서 혹은 배우자로부터 하지만 대부분은 직장 상사와 동료로부터 괴롭힘을 당한다.

그렇다면 우리는 이들을 사이코패스라 말할 수 있을까? 물론, 그렇다. 우리는 이들을 기능적 사이코패스라 이야기한다. 혹은 성공적 사이코패스라 칭하기도 한다. 이들은 사이코패스임에도 불구하고 가장 최악의 결과를 피한 최고로 운이 좋은 사이코패스이다. 감옥에 가지 않는 사이코패스는 마치 우리 안에 든 먹이를 마음대로 쫓으며 피식자를 선택할 수 있기 때문이다.

우리는 전혀 눈치를 채지 못한 채 매일 성공적 사이코패스랑 붙어 살고 있는 셈이다.

필자는 적어도 10년 전까지만 해도 이들의 존재 자체를 몰랐다. 프로파일러로 경찰청에서 일하면서 이들의 존재를 명확하게 인식하지 못했다. 대부분 사이코패스는 당연히 의심의 여지 없이 교도소나 구치소에 수용되어 있거나 지역사회에 있더라도 최소한은 보호관찰 대상자일 것이라는 오해와 편견이 있었다. 로버트 헤어의 직속 제자이자 필자의 지도교수였던 스티븐 하트(Stephen D Hart) 교수는 이들을 성공적 사이코패스라 불렀다.

불행히도 우리는 아직도 직장에서 자신이 경험하는 거대한 괴물에 대한 실체에 모호한 의심을 품고, 비참함과 우울감을 느끼며 생활한다. 극단적인 선택을 생각하는 사람을 주변에서 어렵지 않게 볼 수 있다. 어떤 이는 직장에서 괴롭힘으로, 어떤 이는 가정폭력으로, 어떤 이는 아동에 대한 학대와 친족 살인으로, 어떤 이는 스토킹으로, 어떤 이는 납치되어 벗겨진 채 고문을 받고 죽임을 당한다.

이처럼 사이코패스는 범죄자의 형태로 무고한 사람을 희생양으로 삼고, 교묘하게 일상의 그늘에서 우리의 직장상사 역할을 하며 우리를 괴롭히고 모멸감을 매일 갖게 한다.

여기서 세 번째 물음을 던질 수 있다.

그렇다면 왜 이들은 이렇게 되었는가? 라는 질문이다. 이렇게 생긴 대로 태어난 것인가, 아니면 그렇게 만들어진 것인가? 에 관해 진지한 고민이 따를 수밖에 없다.

필자는 한국의 연쇄살인범이자 사이코패스가 어떻게 범죄 행동을 보이게 되었는지, 왜 그런 삶을 살아오게 됐는지 기존의 문헌을 조망함으로써 필자가 제기한 다양한 물음에 답을 찾고자 노력했다. 이들의 실체를 파악하기 위해 한발 더 나아가고자 했다. 이들을 우리가 선별하고 치료할 수 있을까? 그리고 나아가 일반인이 사이코패시라는 성격장애를 알아차리는 데 필요한 정보가 무엇이 있는지 알려주고자 했다. 학계에서 다양한 학자가 사용하는 많은 평가 도구와 사이코패스 증상을 소개했다.

이들에 의한 피해자가 더는 나오지 않기를 바라기 때문이다. 우리는 흔히 이들에 대한 편견과 오해로 바람직한 대처를 하는데 혼란을 가져오곤 했다. 사이코패시와 관련된 다른 해악적 성격이 무엇이 있는지 이런 특성이 무엇이며 우리에게 어떤 방식으로 해악을 끼치는지 그 메커니즘을 심층적으로 찾고자 했다.

끝으로 아직도 진행되고 있는 물음, 이들을 치료할 수 있을까? 아직, 사이코패시에 대한 실증적 연구가 많이 이루어지지 않고 있다. 그 해답을 찾기 위해 영국과 캐나다, 뉴질랜드, 미국에서 실험적 연구를 진행하고 있다. 현재 진행 중인 연구 결과를 볼 때 상당히 고무적이라고 정리할 수 있다. 흔히 우리가 사이코패스에 대해 갖는 편견에 진지한 물음을 갖고 답을 과학적으로 찾아보고자 했다. 그리고 필자는 이론적 근거를 제시해 보고자 했다.

영남대학교 심리학과 교수 서종한
2020년 8월 연구실에서

어쩌면 우리가 잘 못 알아왔던 것들…

사이코패스라는 명칭을 통해 그려지는 특징은 일반적으로 드라마, 영화 혹은 뉴스, 다큐멘터리를 통해 쉽게 노출되고 있다. 일반 대중이 사이코패스에 대해 어떤 믿음, 신념, 가치, 태도를 보였는지에 관한 연구는 향후 우리 사회가 이들에게 개입해야 할 중요한 시사점을 제시한다.

이들 대중매체는 가상의 허구에 근거하여 사이코패스를 선정적으로 그려내고 있다.* 대표적으로 덱스터 모건, 한니발 시리즈, 노인을 위한 나라는 없다, 검은 집, 악마를 보았다, 사이코패스 다이어리 등 무수히 열거할 수 있는 국내외 영화나 드라마에서 혹은 소설류에서 사이코패스를 일반 범죄자와는 다르게, 무척이나 '뭔가 특별'하게 그려내고 싶어 하는 것 같다.*

그럼에도 불구하고 우리는 여전히 일반인이 사이코패스라는 단어를 들었을 때 무엇을 떠올리고 있는지 잘 모른다. 지난 반세기에 걸쳐

이에 대한 아주 제한된 연구만 이루어졌을 뿐.• 우리나라에서도 일반인이 사이코패스에 갖는 태도나 인식을 직접 조사한 경우는 흔치않다.

학계에서 최초로 헬프고트 교수는 일반인이 사이코패스에 대해 갖는 인식을 전화면담 형식으로 조사했다.• 사이코패스라는 단어를 들었을 때 떠오르는 것이 무엇인지를 질문했고 대부분 사람은 '정신질환, 범죄 행동과 관련된 폭력, 강간, 살인, 사기' 순으로 답했다.

최근 시민을 대상으로 조사한 내용에서는 먼저 우울, 조현병, 사이코패스와 관련된 기술문을 제시받았다.• 그 후, 각 기술이 어디에 해당하는지 확인할 것을 요청했다. 참가자 중 겨우 39%만이 사이코패스를 나타내는 기술내용을 정확하게 사이코패스 인지 아닌지 구분했다. 여기서 일반인은 사이코패스를 지적 수준이 높고, 사회적으로 업종에 따라 적응력이 높은 사람으로 보는 경향이 있었다. 또한 사이코패스를 환경적 스트레스 인자, 불안정한 양육, 학대, 애착·유대감 박탈 등으로 인한 성격장애로 보았고 다양한 유형의 심리치료가 가능한 증상으로 인식하고 있었다.

이와는 반대로 텍사스대학교 심리학과 존 이든스 교수는 시민을 대상으로 사이코패스에 대한 인식을 조사한 결과 대인관계에서 대담함, 보통 이상의 지능지수, 향후 폭력 가능성, 연쇄살인과 같은 악마성

(devil) 특징과 깊은 관련성이 있다고 한다.* 여기서 흥미로운 점은 사이코패스 증상이 사회적으로 대담한 행동과 높은 지적 수준을 아우르면서 일부의 경우 사이코패스를 정신 병리적이지 않거나 기대보다 훨씬 더 적응적 특징을 갖고 생활하고 있는 것으로 이해하고 있었다.*

  국내의 경우 필자는 1,700여명의 일반 시민들을 대상으로 사이코패스를 어떻게 인식하고 있는지 연구를 진행했다. 일반인은 한결같이 사이코패스가 더 심각한 수준의 강력 범죄를 저지를 것이라는 잠재적인 폭력성에 깊이 공감하며 두려워 하고 있었다. 특히, 잔인한 연쇄살인범의 경우 유영철, 정두영, 오원춘, 이영학, 강호순, 정남규 등 모두 전형적인 사이코패스로 보았다. 사실 김일곤, 김해선, 오원춘이나 정두영은 실제 사이코패스 성향이 평균에 미치지 못한다.

  우리 일반 시민은 사이코패스를 도덕의식이 결핍되어 있고 소위 절대 악(devil), 단순 미치광이, 기질적 정신병자로 인식했으며 사법 환경에서 더 엄격한 관리와 통제, 강도 높은 치료를 받아야 한다고 보았다. 하지만 사이코패스가 옳고 그름의 가치 차이를 이해하고 자신의 행동에 책임을 갖고 있다는 데 동의하지는 않는 편이었다.

  그리고 사이코패스가 교도소에 갇혀 있다고 보지 않았고 또한 이들을 무조건적으로 교도소에 감금해야 한다는 점에 동의하지도 않았다. 사이코패스를 두뇌 손상이나 유전적 원인에 의한 기질적, 선천적 측면과 연결 짓기보다는 오히려 초기 어린 시절 받은 학대와 부적절한 양육 때문에 유발되었다고 보는 편이었다.

일반인들은 사이코패스 치료 가능성을 현실적으로 거의 불가능하다고 보면서도 이들을 변화시킬 가능성과 방법에 대해서 긍정적인 시선을 갖는 등 이중적인 태도를 보였다. 흥미로운 점은 사이코패스가 더 지적이어서 완전범죄를 하며, 붙잡힐 가능성이 낮은 것으로 보았다. 몇몇 직업에서는 사이코패스의 냉담성, 대담성, 불안감 결핍은 친사회적 혹은 기능적 적응 요인으로 작용할 수 있다는 사실에 대부분 동의했다.

하지만 장기적으로 볼 때 기업이나 가정에서 안정적인 대인관계를 맺지 못할 뿐만 아니라 문제행동을 보일 것으로 생각했다. 지금까지의 이야기는 모두 일반인들이 사이코패스에 갖는 통상적인 생각들이다.

필자는 여기서 한 발짝 더 가까이 다가설 것이다. 하지만 우리 머릿속에 떠오르는 사이코패스에 대한 수많은 질문에 명쾌한 답을 줄 수는 없다. 필자가 이 책을 집필하고는 있지만 제한된 국내외 문헌과 아직 가설과 이론으로만 남아있는 내용이 너무 많기에 여러분의 의문점을 해소할 수 있다고 장담할 수 없다.

다만 우리 주변에는 어떤 사이코패스가 존재하고 어떻게 생활하는지, 이들의 특성은 어떠한지 물음을 던지며 필자의 글을 따라 오기 바란다. 또한 독자가 생각해왔던 사이코패스의 모습이 필자가 제시되는 연구와 어떤 차이가 있는지 혹은 같은지 다양한 물음표를 갖고 비판적으로 읽어주기를 바란다.

일반인들이 갖는 사이코패스의 인식과 개념은 실제 사이코패스의 모습과는 크게 다르지 않다고 본다. 지난 수만 년의 기간에 사이코패스에 대한 경험이 우리의 DNA에 새겨져 있고 우리는 이들이 누구인지 본능적으로 반응하고 이해하고 있다. 문명과 떨어져 있었던 알래스카 이누이트족이나 아프리카의 요루바인들처럼 말이다. 이를 거부할 수 없는 즉 우리에게 해악을 끼치는 자들에 대한 본능적 거부감 혹은 경계심이라 할 수 있다.

따라서 우리 모두는 사이코패스에 대한 본능적 느낌을 직감적으로 갖고 있다. 누구나 필자의 개인적 주장에 물음표를 던질 수도 있고 비판할 수도 있다. 이 글을 읽고 필자의 주장이 맞는지 여러분들이 판단하기를 바란다.

PSYCHOPATHY:
THE MASK OF INSANITY

차 례

/ CHAPTER 1 /

일상의 그늘에 숨어 지내는 그들

일상의 그늘에
숨어 지내는 그들

PSYCHOPATHY:
THE MASK OF INSANITY

사이코패스 유형

성공적 사이코패스

성공적(successful) 사이코패스*는 '가장 최악의 결과를 피한 사이코패스'를 지칭한다. 사이코패스가 정말로 벗어나고 싶은 인생 최대, 최악은 다름 아닌 시설 수감이나 법정에서 받는 유죄 판결일 것이다. 몇몇 연구자들은 이런 측면에서 이전에 단 한 번도 수용되지 않는 사이코패스를 소위 '성공적' 사이코패스라 통칭한다.

이러한 비범죄형(noncriminal) 사이코패스는 삶의 모든 영역에서 비열하고 잔인한 태도를 보인다. 이들은 직장에서 동료를 대상으로 거짓말과 사기를 일삼으면서 어떻게 해서든 처벌을 면하고, 심지어 윗사람들에게 존중 받으며 모든 삶의 영역에서 밥 먹듯 거짓말을 하고 사기를 친다.*

'성공적 사이코패스'란 단어는 1976년에 애틀랜타 조지아대학교

의대 정신과 의사로 근무하던 허비 클레클리가《정상의 가면》에서 최초로 언급했다.* 그에 따르면 "사이코패스는 끔찍한 수준의 범죄나 일탈적 행동으로 나타나는 것이 아니라 성격 기반의 상태이며 사이코패스 성향을 지닌 사람은 다양한 직종이나 사회에서 늘 발견될 수 있다"고 지적했다. 이들이 전형적으로 가지고 있는 성향, 소위 입심 좋고 피상적으로 매력적이며 대담성은 특정 전문직종인 사법, 정치, 기업, 군, 의료 등에서 오히려 가치 있는 개인의 소중한 강점이 될 수 있다고 한다.* 일례로 2014년 실화를 바탕으로 개봉했던 영화「아메리칸 스나이퍼」의 주인공 크리스 카일을 떠올리면 쉽게 상상할 수 있을 것이다.

전통적으로 사이코패스는 유죄 판결을 받고 수용시설에 수감 된 남성 재소자 정도로 생각하고 이들을 중심으로 대부분의 사이코패시 연구를 대단위로 진행했었다. 최근에서야 주목받고 있는 성공적 사이코패스는 타인에게 위해를 가하는 직접적인 일탈 행동을 눈에 띄게 보이지 않더라도 지역사회의 일반적인 공동체 규칙이나 관습, 규범을 무시하고 타인의 권리를 침범할 가능성이 크다. 이들은 때로 학교나 기업에서, 가정에서 가족, 친구, 직장동료와 후배를 희생시키면서 개인적 성공을 거두곤 한다.

직장에서 사이코패스 성향이 있는 자들을 화이트칼라 혹은 기업형 사이코패스라 한다.

일본의 뇌신경과학자 나카노 노부코, 영국의 법심리학자 케빈 더튼, 에모리 대학교 릴리엔펠드 등의 연구에 따르면 최근까지 대표적인 사이코패스 인물로 스티브 잡스, 도널드 트럼프, 빌 클린턴, 마더 테레사, 존 에프 케네디, 히틀러, 무솔리니, 모택동, 체 게바라가 있다. 더 과거로 거슬러 올라가면 알렉산더 대왕, 성경의 인물인 사도 바울, 본디오 빌라도 등을 언급한다.♦

일각에는 뉴멕시코대학교 심리학과 켄트 키헬 교수와 러싱1은 '성공적 사이코패스'라는 단어가 일종의 모순적인 것이라 지적한다. 왜냐하면, 사이코패스도 일종의 성격장애이며 이 장애가 있는 사람이 다양한 방식으로 일상적인 생활에 적응해야 한다는 것이다. 이 때문에 기능적 손상을 전제로 하여 성격장애가 있는 자가 궁극적으로 성공하는 것이 불가능하다 보았다. 다만, 일시적으로 성공한 듯 비칠 뿐인데 이를 성공이라고 하기에는 어폐가 있다고 본 것이다.♦

이런 맥락에서 로버트 헤어는 이들의 성공은 결국 사람을 착취해 개인의 욕구를 충족하며 누군가 다른 사람이 필연적으로 그 대가를 치르게 하기에 '비범죄형 사이코패스'라 부르는 것이 적합하다고 지적했다.

필자는 로버트 헤어의 관점에는 동의하지 않는다. 사이코패스 이외의 다른 성격장애가 있는 사람들. 일례로 경계선, 스펙트럼, 자기애성 성격장애, 연극성 성격장애 등 일부는 여전히 사회에 잘 적응하며 타인에게 존경받는 삶을 영위하고 있기 때문이다. 또한, 조울증이나 조현병 등의 정신질환을 앓고 있으면서도 개인이 종사하는 분야에서 현

---

1 켄트 키엘 교수는 fMRI가 장착된 버스를 몰고 다니며 교도소에 수용된 사이코패스의 뇌를 스캔하여 연구하는 것으로 유명하다. 로버트 헤어의 제자이기도 하며 '사이코패스 위스퍼'라는 책의 저자이기도 하다.

격하게 두각을 드러내며 성공을 거둔 사례를 종종 볼 수 있다.

사이코패스 특성은 그들의 삶을 성공적으로 이어 가는데, 무조건 걸림돌만 되는 것은 아니다. 그들도 그들 나름대로 '영민함'을 갖고 생존해 가고 있다. 다만 부분마다 결점과 흠이 있을 뿐이다.

1941년 하버드의대 정신과 벤저민 카프만 교수는 사이코패스가 정신 병리적 문제와 함께 나타나는지 혹은 관련성이 있는지 기술한 바 있다.[●] 그에 따르면 사이코패스는 알코올과 약물 남용, 공격성, 일상 규범의 잦은 위반 등과 같은 크고 작은 문제들과 관련이 있다고 보았다. 하지만, 성공적 사이코패스는 겉으로 드러나는 외현적 문제인, 행동으로 드러나는 일탈적 폭력성과 충동성은 덜 드러났다. 반면 심리 내현적 문제인, 불안과 우울감 등과 관련성은 더 복잡하게 얽혀 있다고 보았다.

성공적 사이코패스를 위한 최초의 연구자는 존 제이 대학 심리학자 캐시 위덤 교수이다. 그는 1974년부터 2년간 충동적이고 자극을 추구하며 위험을 추구하는 사람을 모집하는 신문 광고를 냈다.

일반인 73명의 지원자 중 30명 정도가 직접 면담에 참여했다. 사이코패스로 진단된 사람의 경우 체포 이력, 수감 이력, 정신과적 치료 및 진단 경험, 자살미수 경험이 있었다. 엄밀히 말하면 이 연구 참여자는 성공적인 사이코패스가 아니라 범죄형 사이코패스였다. 사이코패스를 진단하고 판단하는 기준이 모호해 결국에 실패했다.

이후, 펜실베이니아대학교 아드레인 레인 교수는 성공적인 사이코패스 집단을 찾기 위해 임시 고용 대행사를 통해 직업을 얻는 사람을 집단으로 살펴보았다.*

이들 집단이 안정적인 직업을 가진 집단보다 상대적으로 충동적이며 계획성이 빠져 있어 사이코패스 점수가 높게 나타날 것이라는 가정에 기반을 두고 한 연구였다. 결과에 따르면 반사회성 성격장애로 진단받은 사람이 24.1%였고 헤어의 PCL-R을 통해 사이코패스로 진단받은 경우는 13.5%였다. 즉, 반사회성 성격장애자 3명 중 한 명이 사이코패스인 셈이다. 이들 중 유죄 판결 경험이 있는 16명의 사이코패스와 유죄 판결 경험이 없는 13명의 사이코패스를 서로 비교했다.

그 결과 성공적 사이코패스는 일차적으로 교도소 수감에서 벗어나고자 하는 회피-접근목적이 있어 교묘하게 법망으로부터 벗어 날 수 있었다. 그와 동시에 욕구충족이나 자신의 이기적 목표를 추구하고 있었다. 결국 수감과 체포, 사회적 제재라는 최악의 결과에서 벗어나고자 하는 동시에 그들이 생각하기에 가장 좋은 결과 돈, 권력, 섹스, 지배 욕구 등을 성취하고 싶어 한다.

이 과정에서 타인을 통제하고 맹목적으로 지위와 권력을 탐닉한다. 런던대학교 울리히와 동료들은 성공적 사이코패스가 사회적 지위를 획득하는 과정에서, 타인과의 관계에 최종적으로는 해악을 끼칠 수밖에 없다고 강조한다.*

성공적 사이코패스는 급속하게 변하는 경영이나 잦은 구조조정과 워크아웃, 경영구조 변화와 혁신, 기업 매각과 합병, 노사 간의 첨예한 대립이라는 극도의 불안정성을 즐기거나 일부러 공포와 불안감을 조장하기도 한다. 이런 불안정성 속에서 극도로 침착한 사람에게 직장

상사는 본능적으로 의존할 수밖에 없다.

사이코패스는 일종의 자기 과시성을 갖고 자신의 존재감을 특별하게 지각하고 있어서 불안 상황이 잦은 곳, 대담성이 우세한 곳, 영웅적으로 명예와 권력을 취할 수 있는 사법 권력 기관이나 권력층을 이루는 곳에 집착할 가능성이 높다.

어떤 측면에서 성공적 사이코패스는 지역공동체 내 사람들과 어울리는 데 능숙할지 몰라도 정서적으로 타인에 대한 동정심과 공감력이 떨어진다. 이들이 타인과 친구가 된다는 의미는 그들과 함께 하는 어떤 소속감과 친밀감에 기초한 것이 아니라 도구적으로 교묘히 조종하려는 악의적인 목적성 혹은 악의성을 품고 있다.

일각에서 성공적인 사이코패스는 공동체적으로 매력을 보이며 입심이 좋아 많은 이들로부터 인정받아 성공한 것처럼 보이지만, 수많은 여성과 가학적인 성적 관계를 맺고, 무조건 성적 쾌락을 탐닉하며, 이기적으로 개인의 욕구충족에 집착한다. 연일 언론에서 보도하는 K 재벌가의 갑질이나 D의 여성 편력, 비윤리적 경영, 내부자의 고발에서 확인되는 정치인의 부정부패와 탐욕은 이런 맥락에서 충분히 성공적 사이코패스를 그려낼 수 있다.

성공적 사이코패스 versus 범죄형 사이코패스

성공적 사이코패스는 다소 완화된 형태, 이를테면 'forme truste'.

즉, '온전한 장애의 불완전한 부분'을 지닌 사람들이다. 허비 클렉클리의 주장처럼 성공적 사이코패스는 그렇지 않은 사람보다 타인에게 위해를 가하는 방식보다 오히려 자기 자신에게 손해를 끼치는 방식으로 표출된다. 정도의 차이는 있지만, 성공적 사이코패스라도 착취적이거나 반사회적 성향을 보인다. 헤어와 뉴먼도 이들 성공적 사이코패스가 갖는 반사회적 행동이 가장 핵심적 성향이라고 보았다.

다만 성공적 사이코패스의 경우에는 이 성향이 완화되거나 외부가 아닌 자기 내부로 향한다는 점이다.● 최근 연구에서는 성공적 사이코패스가 낮은 병리적 문제를 가진 것보다 이들이 체계적 조기교육과 경제적 지원, 양육자와의 안정적 애착, 사회화 과정을 거치면서 사회에 잘 적응할 수 있는 도덕적 지각과 자기 통제감을 가진 현상이라 지적한다.

이들의 성실성 정도는 일반인들하고 견주어 볼 때 비슷한 수준으로 나타났고, 범죄적 사이코패스와는 확연히 차이가 있었다. 골든버그의 5요인 모형 성격 중 '성실성(conscientiousness)'은 목표를 성취하기 위해 성실하게 노력하는 성향이다.● 성실성이 조직 내 성공과 자기 효능감 등의 성격과 관련이 있다고 지적하는 것을 볼 때, 성실성 기질이 성공적 사이코패스인지 아닌지를 결정짓는 중요한 인자 중 하나이다. 그렇다고 해서 범죄적 사이코패스와 크게 다르지는 않았다. 성공적 사이코패스도 알코올과 약물 등 물질 사용 장애와 관련성이 높았다.

다만 성공적 사이코패스는 무모하게 위험을 감수하거나 충동적인 공격성이 상대적으로 낮았을 뿐이다. 이후 사회적으로 성공할 수 있는 진로를 선택하는데 예술이나 과학 분야보다는 대인관계에서 대담성을 갖고 지배적 통제감을 누릴 수 있는 언론, 기업이나 정치로 눈을 돌렸다.

두 번째는 성공적 사이코패스와 범죄적 사이코패스 간 병리적 수준에서는 다른 점이 없었다. 이들 모두 심각한 수준의 정서와 인지적 문제가 있다고 하는 데, 연구자들 간 이견은 없다. 다만, 가시적으로 표출되는 반사회적 행동 등의 문제를 완충해주는 일종의 조절 변인이 폭력성을 완화시켜 준다는 점이다.

예를 들어 지능지수, 나이, 성, 타고난 재능, 양육배경, 경제적 수준, 교육 수준, 사회화 수준, 심리적 속성, 심박 수나 뇌의 회백질 정도에 따라 사이코패스의 가학적 증상 발현을 악화시키거나 완화해 준다. 다시 말해 어릴 때부터 엘리트의 부유한 집안에서 고등 교육을 받고 충실한 양육자로부터 도덕적 통제훈련을 잘 받은 사이코패스는 반사회적 행동으로 인한 최악의 결과가 자기에게 결국 이로울 게 없다는 사실을 점차 인식하게 된다.

이렇게 성장한 사이코패스가 기업, 정치, 사법, 예술, 의료, 운동 등의 사회적 분야로 자신의 사이코패시 성향을 승화할 수 있는 기민함을 갖는 것이 결국 성공적 사이코패스가 나타나는 이유라 할 수 있다.

하지만 미네소타대학교 데이비드 리켄은 사이코패스가 유전적인 부분에서 공포반응의 결함을 일으킨다는 '공포심 결여 가설(low fear hypothesis)'를 제기했다.* 초기에 정상적 양육을 경험한 아동, 청소년이라 하더라도 현격한 공포심 결여를 보인다면 사회화가 제대로 이루어지지 않은 채 결국 반사회적 사이코패스가 될 가능성이 크다고 보았다.

그럼에도 일부 사회의 영웅, 리더, 모험가 등은 '무공포 유전형질'을 지니고 뛰어난 지능, 사회적 위치, 경제적 지원 등으로 효과적인 사회화 과정을 달성하는 경우도 볼 수 있다. 그런데 사이코패스 성향이 있는 경영자는 장기적으로 볼 때 회사에 해악을 끼치는 방식으로 나타난다고 한다.

예를 들어 태즈메이니아대학교 클라이브 바디 교수는 성공적 사이코패스가 은밀하게 사소한 방식으로 반복적 괴롭힘, 일방적인 지시와 협박, 비도덕적 업무 강요와 과도한 업무부가, 스토킹은 조직 내 위화감을 조성하고 경직성을 높여 결국 회사에 막대한 피해를 가져다준다고 한다.

또한 오보이레와 포시스 등에 따르면 성공적 사이코패스는 훌륭한 경영방식을 보이거나 팀플레이와는 거리가 멀어도 창조적이며 혁신적인 생각으로 조직에서 상사와 동료들과 의사소통한다고 했다.* 하지만 사이코패스 경영자일수록 기업에서 재직 기간이 짧고 부하직원들에게 끼치는 심리적 고통, 직무 불만족, 직업-가족 갈등을 일으킨다.

예를 들어 캐나다 트루아리비에르대학교 마티유는 사이코패스 성향이 높은 관리자들은 직원을 지도하거나 조언하는 대신 이들을 내버려 두는 무책임한 리더십을 보여주었고 가치를 추구하는 변화적 리더십이나 성과기반의 성취적 리더십과 거리가 멀었다고 했다.*

기업형, 비슷한 단어로 성공적 사이코패스를 선도적으로 연구하고 있는 클라이브 바디 교수는 그들의 리더십 자체는 부정적이며 자신의 위치에서 부하직원들을 대상으로 괴롭히고 서로 편을 가르고 따돌림을 조장하여 이들에 대한 지배성을 영속적으로 영위하려 한다고 했다.* 그리고 이들은 연설이나 발표를 하는 동안 심박 수가 더 증가한다고 했다. 특히 전두엽 피질 및 편도체 부피와 함께 전두엽 피질 회백질, 좌우 전면 해마 사이의 대칭성 측면에서 정상인과 더 유사했다. 신경학적으로 이들이 비교적 온전하므로 '겉으로 나타나는 범죄를 비교적 잘 억제'한다는 점이다.

영화 「악마는 프라다를 입는다」에서 등장하는 차가운 편집장 미란다처럼 타인에 관한 배려가 없는 사이코패스 성향의 사람도 현실에서도 성공할 수 있을까? 즉, 타인을 학대함으로써 성공할 수 있을까?

결론적으로 사람은 성공과는 멀어질 수밖에 없다는 게 지론이다. 앞서 대담하며 냉혹한 사람들이 기업에서 성공할 가능성 크다는 우리의 생각은 어떨까? 실제로는 사이코패스 성향이 높게 나타날수록 업무 성과가 떨어진다. 대니어 스퍼크 교수는 사이코패스 무자비함이 강할수록 반대로 더 적은 수입을 올리고 낮은 직급에서 불만을 더 많이 표출한다고 한다.

독일 직장인 800명을 대상으로 그들의 성격을 분석한 결과, 불안감이 낮아 위험성을 견뎌야 하는 특정 성향의 몇몇 분야에서는 장점으로 작용하지만, 장기적인 안목에서는 사이코패스 성향이 높은 직원은 회사에 폐해를 끼치면서 덜 생산적인 모습을 보였다. 이들은 행동통제에 어려움을 느끼며 해결해야 하는 업무에 대해서 회피하거나 일을 다른 사람에게 떠넘기는 방식으로 기생하기 때문이다.

사이코패스의 자기중심성에 기반을 둔 '나르시시즘'과 '마키아벨리즘'은 주변 사람이 볼 때 일시적으로 성공하는 매력있는 자질로 비칠 수 있다.

나르시시즘은 언제나 타인의 주목을 받고 자신의 능력을 인정해 주기를 바란다. 주변 사람의 인정에 굶주려 있고 자신의 특별한 가치를 어떻게든 믿게 하려 한다. 마키아벨리즘은 출세를 위해서라면 타인을 조종하고 지배하며 자신에게 유리한 쪽으로 상황을 전개해 나간다.

물론 주변 동료와 상사에 대한 무자비함이 기본적인 바탕을 이루고 있다. 이런 두 성향은 결국에는 거짓말과 속임수, 교묘한 조종으로 타인을 고통 받게 하지만, 결국에는 자신들 스스로 사회로부터 고립하게 한다. 오히려 정직과 믿음을 근간으로 타인에 관대한 사람이 더 삶을 만족하며 생산성 높은 생활을 영위한다.

기능적(Functional) 사이코패스

오스트레일리아 본드 대학교 법심리학자 네이선 브룩수 교수가 설문조사를 했다. 1,000여 명의 미국 최고경영자 CEO를 대상으로 높은 수준의 사이코패스는 기업 고위직으로 올라갈수록 더 자주 나타난다는 흥미로운 결과를 내놓았다.

최고위 경영자 5명 중 1명이 높은 수준의 사이코패스 성향을 보였다. 일반인보다 무려 20배가 높다. 그는 유통망보다 재화와 서비스 및 정보 흐름과 관련된 공급망 기업에 더 많았다. 이들이 갖는 7가지 공통 성향을 살펴보면 '무자비함, 매력, 집중력, 강인한 정신, 두려움 없음, 현실 직시, 실행력'이다. 브룩스 교수는 이들을 처음으로 기능적(functional) 사이코패스라 불렀다.• 대표적으로 애플의 창업자인 스티브 잡스가 7가지 성향을 모두 가졌다고 한다.

더불어 노트르담 대학교 찰리스 허스트라는 연구자는 실험 대상자에게 허구의 관리자 특성을 제시하고 이에 대한 반응을 물어보았다. 그 결과 높은 수준의 사이코패스 특성을 가진 사람은 학대적인 관리자 아래 일하는 것을 상상한 후, 오히려 많은 만족감과 행복을 느꼈다.•

이 실험에서 상사가 얼마나 가학적인지 평가하도록 한 후 상사의 무례함, 험담, 사생활 침해, 업무 결과 불신, 약속 위반 행동에 관해 물어보았다. 두려움이 낮고 냉담한 정서 문제를 보이는 사람에게서는 관리자의 행동에 화를 덜 내고 상대적으로 긍정적 반응을 보였다. 결국 다른 사람을 괴롭히거나 학대하는 기업문화는 더 많은 사이코패스를 기업에 잔류하게 하고 이들을 회사의 주요 관리자로 올라서게 만든다는 것이다.

사이코패스 관리자 밑에서 관계를 지향하는 유능한 직원은 종국에는 이직하거나 사표를 낸다. 사이코패스 직원만 남게 되고 결국 상상하기도 어렵지만 그 기업은 사이코패스만 존재한다. 이런 사이코패스는 가정에서 시작하여 기업과 국가에 막대한 피해를 가져다줄 수 있다. 허스트에 따르면 직원 간에 공공연하게 모욕과 학대가 발생하는 것을 '유행성 확대' 혹은 집단 괴롭힘이라고 말한다. 만일 최고경영자나 상위 관리자가 사이코패스가 아니라면 이를 적절히 조사하여 분별력 있는 조치를 취해야만 한다.

옥스퍼드대학교 심리학과 케빈 더튼이《천재의 두 얼굴, 사이코패스》에서 지적한 것처럼 사회 분위기가 성공과 혁신, 과감성, 성공을 지향하는 경향성이 지배적일수록 불안감을 이겨내고 대담성을 가져야 하는데 사이코패스 성향이 딱 맞는다는 것이다.•

케빈 더튼은 사이코패스가 많을 것으로 보이는 직종으로 변호사, 방송인, 판매원, 외과 의사, 저널리스트, 경찰관, 성직자, 요리사, 공무원을 꼽았다. 에모리대학교 스콧 릴리엔펠드는 기업, 정치, 극한 스포츠(자동차와 오토바이경주, 패러글라이딩)를 사이코패스들이 많은 3대 분야로 소개했다. 케빈 더튼은 「사이언티픽 아메리칸 마인드 저널」에서 역대 정치 지도자를 대상으로 사이코패스 수준을 사이코패스 성격검사로 평가했는데, 사담 후세인, 여성 편력이 심했던 영국의 헨리 8세, 우간다 독재자 이디 아민, (정말 반론의 여지가 없는) 도널드 트럼프, 아돌프 히틀러, 힐러리 클린턴, 로마 황제 네로 순으로 나타났다고 전했다.

사이코패스 성격검사-개정판(Psychopathic Personality Inventory- Revised)

사이코패스 성격검사 개정판은 187항목으로 이뤄져 있다. 크게 8가지 척도로 구성했고 총 3가지 요인으로 구분했다. 사이코패스 성격검사는 •권모 술수적(마키아벨리즘) 이기주의(ME: Mchiavellian Egocentricity), ●반항적인 비협조(IN: Impulsive Nonconformity), ●비난의 외재화 (BE: Blame Externalization), ●무책임함 비 계획성(CN: Carefree Nonplan-fulness), ●사회적 영향력(SOP: Social potency), ●대담성(F: Fearless-ness), ●스트레스 면역(STI: Stress Immunity), ●냉담함(C: Cold-hearted-ness) 8가지 척도와 자기중심적 충동성, 대담성의 우세, 냉담함 요인으로 구분할 수 있다.●

케빈 더튼은 사이코패스 특성을 크게 긍정과 부정 영역으로 구분했는데 사회적 영향력, 대담성, 스트레스 면역을 긍정적인 것으로 나머지 권모 술수적 이기주의, 반항적인 비협조, 비난의 외재화, 냉담함, 무책임한 비 계획성을 부정적인 면으로 판단했다. 개인적으로 이 구분에는 동의하지는 않지만 케빈 더튼은 도널드 트럼프를 사회적 영향력과 대담성이 높지만 냉담함은 부족하고 힐러리는 냉담함과 권모 술수적 이기주의가 높다고 보았다. 덧붙여 스콧 릴리엔펠드는 성공한 미국 대통령일수록 대담성이 강하고 자기중심적 충동성이 낮다고 했다.●

필자는 케빈 더튼이 말하는 사이코패스 영민함을 부인하지는 않는다. 특히 대담성과 관련된 무자비함, 매력, 집중력, 강인한 정신, 겁 없음, 현실 직시, 실행력 등을 손꼽을 수 있다. 이런 성향은 일상에서 현대인들이 직면하는 문제를 해결하는 데 주저 없이 도움을 준다.

크로스토퍼 패트릭과 스콧 릴리엔필드가 제시한 대안적 모델에서도 '대담성'을 성공적 사이코패스가 갖는 중요한 기질중 하나라고 한다. 이들은 기질적으로 두려움이 낮아 일부 직종. 금융업계 중 증권거

래인, 특수부대원, 경찰, 최고경영자, 변호사, 외과 의사 세일즈맨 등에게 유용한 도움을 줄 수 있다.

그럼에도 불구하고 개인적으로 '사이코패스 성격검사'를 개발한 스콧 릴리엔펠드 교수의 주장이 마음에 더 와 닿는다.

"사이코패스는 단기적으로 성공에 유리할 수 있다. 매력적이고 끌리기 때문이다. 하지만 이는 오랜 기간 실패 과정을 통해 얻고 그 실패는 또 다시 반복된다. 햄스터가 돌리는 바퀴를 상상해보라."

이 말은 장기적인 관점에서 볼 때 기능적 사이코패스는 실패할 수밖에 없는 성향을 지닌 존재임을 의미한다.

성공적 사이코패스와 범죄형 사이코패스 뇌의 차이

최근 성공한 사이코패스와 그렇지 않은 사이코패스 뇌간의 차이점을 알아보는 연구가 주목받고 있다.[*] 기본적으로 인간에게는 3가지 차원의 동기통제 시스템과 집행통제 시스템이 작용한다. 행동 접근 시스템 혹은 행동 촉진 체계(BAS · BFS)인데 이는 행동의 활성화와 관련 있다. 도파민과 관련이 있고 약물 중독과 긴밀한 연관성을 보인다. 그리고 행동 억제시스템 혹은 중격 해마시스템(BIS · septo-hippocampal system)이다. 이 시스템은 갈등이 유발될 경우 주변의 정보에 주의를 두고 수집한 후, 접근-회피 갈등. 즉, 회피할 것인지 맞설 것인지를 보다 적응적 행동을 선택하여 결정하게 한다.

이 과정에서 불안을 활성화함으로써 조건형성과 같은 학습에 따라 회피하거나 행동을 억제할 수 있다. 특히, 중격 해마시스템은 행동 억제시스템에서 핵심적인 역할을 하는데, 편도체에 정보를 입력하고 이에 따라 적절하게 반응한다. 마지막으로 집행 기능(executive function)은 행동을 시작하고 멈추는 능력, 행동을 추적하고 관찰하고 변환하는 능력, 새로운 요구와 상황에 직면해 미래의 행동을 계획하고 통제하는 능력이다. 따라서 사이코패스에게 행동과 인지를 통제하고 자기를 조절하는 것과 맞물려 있다.

앞서 제시한 두 가지 시스템은 자동으로 뇌에서 일어나는 것이지만, 이 집행기능은 의도적으로 노력이 요구되는 특성을 보인다. 따라서 두 시스템은 hot & cool 체계에 따라 상호작용하며 사이코패스에게 영향을 미친다. 이 집행기능의 결함은 전전두피질의 구조적인 손상에 발생하고 특별히 범죄형 사이코패스들이 해당 뇌 손상을 자주 보였다.* 또한, 범죄형 사이코패스의 경우 해마의 오른쪽이 왼쪽보다 큰 비대칭의 불균형을 구조적으로 보였다. 그리고 전전두피질의 부피가 감소했다.*

여성 사이코패스 존재

여성 사이코패스 진단

로버트 헤어가 만든 사이코패스 진단 도구 PCL-R은 오로지 수감된 남성 수형자를 위한 것이다. 그래서 여성 사이코패스를 진단하는 과정에서 PCL-R은 쓰지 않는 것이 바람직하다. 사실 앞서 살펴본 여성 사이코패스에 관한 연구 결과는 그렇게 많지는 않다. 여성 사이코패스는 남성 사이코패스 유병률로만 따지면 전체 일반인의 0.3%이다. 남성의 경우 1% 정도 내외이다. 허비 클렉클리는 《정상의 가면》에서 사이코패스인 여자 2명을 소개한다. 이름은 로베타와 안나이다. 그중, 로베타를 아래와 같이 기술했다.•

"로베타가 가진 가장 매력적인 특성 중 하나가 아마도 다른 사람을 도와주려는 친근한 충동이다. 병든 이웃과 함께 있으려했고 엄마 친구들의 아기를 돌봐 주려했다. 나이 어린 자매들을 도와주려고 인내심을 발휘하여 노력하는 듯했다. 하지만 그녀의 행동은 일관성을 보이지 않았다. … 지인들과 자주 봉사를 약속했지만 사전 설명 없이 취소하거나 갑자기 나타나지 않았다. … 강아지를 쓰다듬으려다 갑자기 멈추고 가버리거나, 새에게 빵조각을 주기도 하고 길 고양이를 편안하게 해주다가도 거칠게 밀어버리거나 먹이를 주지 않았다. 산책 중에 자신의 개가 자동차에 치여 죽었을 때는 짧게 피상적으로 실망스런 기색을 보일 뿐 아무런 감정을 느끼지 않는 듯했다."

여기서 보는 것처럼 로베타는 우리가 일반적인 남성 사이코패스에 관해 갖는 특성과는 다를 수 있다. 비교적 사회화가 잘 된 양육자, 이타적인, 감성적인 특징을 가지고 있는 것은 다소 놀라울 수 있다. 특히 여성 사이코패스가 속한 환경, 가정과 가까운 주변 관계 맥락에서 더 자주 가학성이 표출되어 소중한 사람에게 피해를 준다. 반대로 남성 사이코패스의 경우보다 대중적 영역 이를테면 술집, 도박 장소, 군이나 기업에서 발생할 가능성이 많다.

1990년대부터 2000년대 초까지 여성 사이코패스와 관련하여 가장 많이 연구한 것은 안타깝게도 헤어의 사이코패스 진단 도구인 PCL-R과 관련된 것뿐이다. 최근에는 여성 사이코패스를 평가할 수 있는 다양한 도구가 대안적으로 개발되어 있다. 여성 사이코패스도 남성 사이코패스와 비슷한 수준에서 PCL-R 요인이 나타나고 있지만, 개별 증상 차원에서는 차이를 보인다.

예를 들어 슈럼과 살레킨에 따르면 여성 사이코패스는 얕은 감정, 불안정한 정서, 냉담함, 공감 능력의 결핍, 피상적 매력, 과도한 자존감, 거짓말, 타인에 대한 조종과 지배성 등과 더 깊은 관련성을 보였다.•

PCL-R 기준으로 전체 여성 범죄자 집단에서 사이코패스 발생 비율은 6%로 낮았지만• 워렌과 사우스 연구에서는 11~17% 정도로 다소 높게 보고하고 있다.•

여자 교도소 연구에서 PCL-R 30점을 기준으로 했을 때 여성 사이코패스가 15.5%가량이었지만, 허비 클렉클리의 16개 항목을 적용한 결과 PCL-R 27점이 여성을 사이코패스로 진단할 수 있는 적절한 기준점이 된다.• 기관 시설에 수용 중인 전체 여성 범죄자 중 24%가량이 사이코패스가 해당하는 셈이다. 한국에서는 40점 만점에 23점이 넘으면 여성 사이코패스로 진단하고 있다.

다양한 연구에서 성별 간 평균 차이가 나는 이유는 반사회성과 범죄적 행동 수준에서의 차이가 있기 때문이다. PCL-R처럼 오직 남성 수용자만을 위한 사이코패스 진단 도구는 여성 사이코패스에게서 잘 보이지 않는 반사회적 폭력적 행동에 지나치게 초점을 두고 있기에 성별 간 차이점을 과장되게 비춰준다. 이런 이유로 인해 여성 사이코패스를 이해하기 위해서 연구자들은 반사회적 행동에 초점을 두지 않는 대안적 사이코패스 평가를 사용할 것을 권고하고 있다.

1990년 스티븐 킹의 소설을 영화화한 「미저리」에서 주연 캐시 베이츠가 아카데미 여우주연상을 받았다. 극중 비춰진 주인공 애니의 모습이 여성 사이코패스라 하기에는 거리감이 있어 보인다. 폭력적 행동이 두드러져 보이기 때문에 자칫 여성 사이코패스라는 편견을 심어주기 쉽다. 다양한 문헌을 통해서도 결국 여성 사이코패스는 이상행동이나 폭력성과 공격적인 행동과는 낮은 관련을 보이기 때문에 주변에서 포착하기 어렵다.

헤어의 PCL-R이 갖는 대부분 항목이 여성 사이코패스와 그렇지 않은 사이코패스를 구별하는 데는 상당히 회의적이다. 여성 사이코패스를 잡아내기 위해서 다른 지표나 항목을 포함해야 한다. 이를테면 반사회적 외현화 증상으로 '성매매, 성적위험 추구 행동, 배우자·아내·파트너 폭력이나 자해와 자살, 이와 관련된 시도 등 자기내부를 향한 폭력성, 친구 관계에서의 배신이나 험담' 등의 형식으로 면식 관계에서 이루어지는 폭력적 행동을 다수 포함해야 한다.

여성 사이코패스를 잡아낼 수 있는 대안적인 방식으로 개별 사례 표집을 통해 여성 사이코패스의 특성을 세세하게 찾아낼 필요가 있다. 이미 남성 중심의 PCL-R 개념에서 탈피해야 한다. 원론적으로 여성과 관련된 다양한 특성을 반영하여 조작적 정의를 새롭게 내릴 필요가 있다. 이를 기반으로 여성 범죄자용의 수정평가 체계가 나와야 할 것이다.

영국의 뉴캐슬 대학의 범죄학자 잔시 맬릿은 몇몇 여성 사이코패스 사례에서 이들의 특성을 전했다.*

그가 제시한 20세의 에이미라는 여성은 살인죄로 종신형을 선고받았다.

반사회성 성격장애를 진단받았다. 10대에 가출하여 약물에 빠져들었다. 이후, 사기죄로 기소되었다. 에이미는 남을 통제하려 하며 타인보다 우월하다는 특권의식을 보이고 원하는 것을 얻기 위해 성적인 매력, 섹스를 사용한다. 무엇보다 자신의 행동에 책임감이 없고 공감과 죄책감이 극단적으로 결핍되어 있었다. 특히, 수용소에서 유약한 수형자를 따돌리거나 괴롭히는 방식으로 지배하려 든다. 원하는 목적을 달성하기 위해서라면 같은 방 여성에게 성적인 접근을 통해 우위와 주도권을 가지려 했다.

그녀는 이 연구에서 어린 시절 타인이나 양육자로부터 심한 괴롭힘과 학대를 당했을 가능성이 크다고 보고했다. 여성 사이코패스 재소자의 경우 개인적인 지배성과 통제감 그리고 이득을 추구하는 등 다양한 범죄성향을 보였다. 이후, 재소자는 지속해서 범죄를 저지를 성향이 더 높았다. 그가 제시한 사례에서 여성 사이코패스는 물리적인 일차원적 폭력보다는 대인관계 즉, 배우자나 연인 등에서 언어적인 공격성이 많았고 일반 여성 범죄자보다 오히려 살인을 저지를 가능성이 더 낮은 것으로 설명했다.

핵심은 자신의 성을 도구적으로 이용하여 상대방의 책임을 얻어내거나 경제적 지원을 받아 내려한다. 이들의 범죄는 은밀하게 더 교묘하게 더 이중적으로 나타나는 것이 특징이다. 따라서 《위험한 정사》의 일렉스 포레스트나 「미저리」의 애니처럼 정말로 산 토끼를 죽여 삶는 것 같은, 망치로 사람을 내리치는 등의 극단적인 폭력성은 흔치

는 않다. 오히려 「나를 찾아줘」의 에이미처럼 교활하고 더 계산적일
수도 있다.

에이미를 통해 본 여성 사이코패스

아래는 필자가 가장 좋아하는 영화 「나를 찾아줘(gone girl, 2014)」에
나오는 주인공 남편 닉과 배우자 에이미의 짤막한 대화이다.

"우리가 지금껏 했던 거라고는 서로에게 분노하고, 서로를 조종하
려 하고, 서로에게 상처 줬던 게 전부잖아"

"그게 결혼이야."

사이코패스 에이미의 결혼에 대한 관념을 찰나에 읽을 수 있다.

원래 이 영화는 2012년 길리언 플린(Gillian Flynn)의 소설《나를 찾
아줘(gone girl)》을 기반으로 각색했다. 인간 내면의 가장 어두운 단면
을 다소간의 극적 흐름 속에서 여성 사이코패스를 사실적으로 그려내
고 있다. 내가 결혼할 여자가, 내가 만나는 어떤 여성이 사이코패스라
면 나는 어떤 결정을 내려야 하는가? 나는 그들을 어떻게 알아차릴 수
있을까?

수많은 사이코패스 피해자의 진술은 한결 같이 파국을 맞이했다.
우리 주변에는 에이미와 같은 여성 사이코패스를 어렵지 않게 만날
수 있다.

남편 닉은 에이미에게서 벗어날 수 없어 그녀의 도구로 삶을 살아

야 하는 상황에 직면한다. 에이미는 닉이 자신을 배신했다는 사실을 안 순간 치밀하게 남편에게 복수를 계획한다.

결혼 5주년 기념일 아침, 에이미는 증발하듯 사라진다. 그녀는 닉이 유력한 살인 용의자로 지목되게 집 안 구석구석 증거를 흩어놓았다. 계획대로 닉은 유력한 살인 용의자로 지목되고 조사를 받는다. 그러던 중 에이미의 계획이 하루아침에 틀어지자 자신을 스토킹 했던 부자 데지를 유혹한다. 새로운 숙주를 찾듯 말이다. 하지만 데지가 오히려 자신을 압박하고 통제하려 하자 그를 살해하기로 마음먹는다. 데지를 침실로 유인하여 성관계를 맺고 한 치의 망설임 없이 칼로 목을 그어버린다. 데지가 자신을 납치해서 감금하고 강간한 것처럼 사건 현장을 위장(staging)하고 자신의 손목과 항문에 심한 상처를 낸다. 유유히 현장을 빠져나와 닉의 집으로 돌아온다. 어쩔 수 없이 원래 숙주로 돌아온 셈이다.

귀환한 에이미는 남편 닉에게 아이를 가졌다고 하자 친자 검사를 하자는 닉의 분노에 "아이가 당신을 미워할 거다."라며 아이를 볼모로 닉을 협박한다. 모든 것이 에이미의 자작극임을 알고 있는 닉은 "사이코패스와 18년이나 더 살아야 하는 게 말이나 되냐?"라며 절규한다.

여기서 에이미의 가해 대상은 남편이거나 이전 남자 친구였다. 모두 아는 사람이다. 닉은 젊은 여자와 바람을 피움으로써 에이미의 지배력에 강력하게 도전했다. 하지만 에이미는 결코 닉을 향하여 물리적인 폭력을 행사하지 않는다. 성적 매력을 이용하여 남자 친구인 스토커를 유혹하여 끌어들이며 타인에 대한 통제를 상실할 수 있는 상황에서조차도 이를 되찾기 위해 한 치의 망설임도 없이 무정하게 실현한다. 언제든 자신의 목적을 위해서라면 임신한 태아도 도구처럼 사용할 수 있다.

에이미는 여성 사이코패스의 전형적 성향을 고루 갖추었다.

높은 수준의 여성 사이코패스는 정서를 표현하고 나타내는 과정에서 어려움을 겪는다. 정서적 공감을 보이는 정도 이를테면, 타인에 관해 관심을 보이거나 걱정하지 않는다. 불쌍함과 측은함을 표현하는데 특별히 어려움을 겪는다. 지각된 자기 통제감과 사회화에서 치명적인 결함을 보인다. 물론 에이미처럼 정서적 공감을 표현할 수 있지만, 공감의 진정한 의미를 정서적으로 느끼지는 못하는 것이 문제이다. "감각적인 느낌"을 알 수 없다. 따라서 행동으로 옮길 때는 한 치의 망설임과 경계선이 보이지 않는다. 한마디로 단호하다.

이전의 다양한 연구에서 보면, 여성 사이코패스는 공격 유형이 다르다. 에이미의 과거는 타인에 대한 과격한 폭력성이 밖으로 드러나는 행동상의 문제를 보이지 않았다. 그녀는 모든 사람이 인정하는 그야말로 '어메이징 에이미'이다. 수동적 공격성만이 치밀하게 나타난다.

여성 사이코패스는 공격적인 행동 패턴이 남성 사이코패스와 다르며 일종의 반응적 공격성을 보인다. 이는 더 은밀한 형태의 공격성을 말한다. 예를 들어 에이미가 닉을 사회에서 매장하기 위해 살인자로 몰아 사형시키려는 계획, 이웃 여자들과 어울리며 닉이 자신을 학대한다는 등의 험담, 타인의 우정을 거부하거나 배척하는 등의 행동이다. 여성의 경우 초기 아동기에 나타나는 행동 문제와 관련성이 떨어져 폭력성과는 다소 거리가 있다. 겉으로 에이미는 초기 아동기에는 아무런 문제가 없이 승승장구한 듯 보인다. 기본적으로 남성과는 발달 측면이 다르게 나타난다.

러더퍼드 등에 따르면 여성 사이코패스 경우 아동기 품행 장애나 반사회적 비행 행동이 일종의 전조 증세로 잘 나타나지 않았다.● 공격성과 행동 문제에 대한 발달 관점에서 성차(性差)는 사이코패스 기저율에 영향을 주는 것으로 보인다. 여성의 경우 사이코패시 자체가 신체적인 폭력 행동을 예측하는 데 크게 영향을 주지 않는다.

다른 정신 병리적 특성이 있다.

에이미의 행동을 보면 자기애적 성격장애, 극단적 나르시시즘적 특성을 엿볼 수 있다. 아니면 연극성 성격장애일 수도 있다.

"닉은 세상에 존재하지 않는 여자를 사랑했다. 내가 종종 그렇듯, 특정한 인격을 가장하고 있다. 나도 어쩔 수가 없다." 라는 에이미의 말은 이를 잘 나타내고 있다.

연구를 보면, 스프래그 등은 수감 된 여성 범죄자는 남성 범죄자보다 반사회성 성격장애 비율이 낮고 오히려 경계선 성격장애 진단을 받을 가능성이 더 크다고 전한다. 사이코패스는 다른 성격장애와 함께 나타날 수 있지만, 남성과 여성이 공통으로 모두 성격장애와 약물 남용에서 비슷한 문제를 보였다.●

에이미는 자신의 항문과 질에 상처를 내거나 손목에 끈 흔적을 남겨 파괴적인 행동을 냉철하게 보인다. 이것은 일종의 도구적 행위이기도 하지만 자해를 통해 얻고자 하는 것을 이루기 위해 한 치의 망설임이 없다. 거울을 바라보며 응시하는 그녀의 무표정에 흐르는 차가움. 그리고 그 건조함은 매우 인상적이다. 흥미로운 점은 여성 사이코패스의 경우 대인관계와 정서성에 있어서 자살이나 자기 파괴적 행동과 관련이 있다. 하지만 남성 사이코패스는 자살시도나 자해와는 관련성이 없다.•

여성 사이코패스는 남성보다 자기 내부를 향한 폭력성, 소위 자살이나 자해로 표현될 가능성이 더 큰 셈이다. 에이미도 결국에는 자살을 계획하고 있었다. 물론 계획이 틀어지긴 했지만 말이다. 따라서 남성 사이코패스와는 달리 여성의 경우 사이코패시 성격 자체가 자살을 막는 역할을 하지 못한다.•

한국 사회의 여성 사이코패스
; 김선자, 엄지연, 고유정

필자의 입장에서 한국의 대표적인 연쇄살인범이자 여성 사이코패스로 평가하는 사람은 김선자와 엄지연, 고유정 정도이다.

물론 자료의 제한성이 있지만, 김선자는 한국 최초의 여성 사이코패스 연쇄살인범이다. 1986년 10월부터 2여 년 동안 가족과 지인을 불문하고 채권자, 부친, 여동생 등 다섯 명을 음료수에 청산염을 타서 살해했다. 엄인숙은 2000년부터 2005년까지 주로 가족인 남편과 오빠 그리고 모친과 집주인에게 약을 먹여 살해하고 불을 질러 살해했다. 고유정은 자신의 남편은 약을 먹여 살해했다. 이들 세 명의 여성 사이코패스에게 공통점이 존재한다.

첫째, 여성 사이코패스 피해자는 거의 모두가 자기 자신과 관련된 친족과 주변인들이었다.

1939년생인 김선자는 채권자, 부친, 여동생 가족과 지인에게 청산염을 먹여 5명을 살해했다. 1976년생인 엄인숙의 경우 두 번 결혼했는데 남편 두 명을 실명케 하고 모두 약을 먹여 살해했다. 어머니와 오빠를 실명케 하고 집에 불을 질러 남동생과 가사도우미, 어머니에게 심한 화상을 입히기도 했다. 1984년생인 고유정은 제주 조천 한 펜션에서 전남편을 졸피뎀을 먹인 후 칼로 살해하고 시신을 분해한 후 유기했다. 두 번째 남편의 친자식도 졸피뎀을 먹여 죽였다는 강한 의혹을 받고 있다.

둘째, 병리적 거짓말과 이중성으로 타인을 교묘하게 조종한다.

김선자는 범행을 저지르면서 피해자에게 기만과 속임수로 접근했다. 안심한 피해자에게 치명적인 독극물이 든 음료수를 자연스럽게 주었다. 피해자를 조종하는 방식은 치밀했다. 엄인숙과 고유정 모두 성적 매력을 가진 듯 보였고 남성이 의심하지 않을 만한 친근한 외모를 지니고 있었다. 특히, 엄인숙은 미모와 여성스러운 말투, 부드러운 성격으로 가까운 주변 사람들조차 그녀를 의심해본 적이 없었다.

하지만 그녀의 말은 모두 거짓말이었다. 첫 남편이 죽은 후, 시댁에 헌신하는 듯 보여 천사라고 불렸다. 실제 죽은 자와 버젓이 영혼결혼식을 올리기도 했다. 첫 번째 남편 사이에서 낳은 딸이 뇌진탕으로 세 살 때 죽어서 화장을 했는데 불꽃을 보면 죽은 딸이 보인다며 주변 사람들을 기만했다. 내가 아무리 세상을 잘못 살아왔을지언정 가족에게 그런 짓을 어떻게 하느냐며 재판부에 호소한다. 불리할 때는 범행 사실이 기억나지 않는다는 등 꾀병을 부려 처벌을 피하려 했고 심신미약으로 인정받아 감형을 노렸다.

고유정은 전남편의 실종에 대해 자신을 성폭행하려다 나가버렸다고 하고 이후 범행동기로 전남편이 자신을 성폭행하려 들자 어쩔 수 없이 수면유도제인 졸피뎀을 먹여 흉기로 살해했다고 했다. 남편을 만나기 전 완전 범죄를 꿈꾸며 범행 도구를 준비했다. 주변 가족이나 전남편, 재혼한 남편에게도 끝임 없이 거짓말하며 교묘하게 속였다. 경찰조차도 고유정의 말을 믿고 의붓아들을 살해한 유력한 용의자로 두 번째 남편을 의심하며 수사를 진행했다.

고유정의 경우 타인에 대한 지배 욕구가 매우 강했다. 에이미처럼 다시금 지배성을 되찾기 위해 치밀한 계획을 세워 이전 남자친구인 데지를 단숨에 제거했듯 말이다. 그 대상이 친아들이나 의붓아들일지라도 상관없다. 그녀는 목적을 이루기 위해 사전에 준비하는 과정을 즐겼다. 의도적으로 카톡이나 문자메시지를 남겨 거짓 단서를 흘려 놓거나 상대방이 안심하기를 기다렸다가 무방비 상태에서 공격했다.

셋째, 여성 사이코패스는 분명 도구적인 목적성을 갖고 거침없이 행동한다.

김선자는 카바레 출입이 잦았고 도박을 즐겼다. 가족마저 거침없이 죽인 목적은 오로지 돈이었다. 엄인숙은 명품을 좋아하고 집착이 강해 적극적으로 이를 얻기 위해 행동했다. 아무리 비싼 물건이라도 엄인숙이 갖고 싶으면 가졌다. 쇼핑을 즐겼고 클럽에서 모든 돈을 탕진했다. 이 세상에서 가장 중요한 것은 다름 아닌 돈, 돈이었다.

보험설계사라는 직업이 돈을 마련하는데 큰 역할을 했다. 보험을 타려고 집에 불까지 질렀다. 이렇게 받은 보험금만 6억이 넘었다. 그녀에게서 범죄행위는 단순히 반응적이지 않았다. 전남편을 살해하기로 마음먹은 순간부터 치밀한 사전숙고 과정과 계획을 거쳐 자신의 욕구를 채웠고 완전 범죄라고 생각한 그녀는 한 번도 자신이 검거 될 거라 생각해보지 않았다.

넷째, 감정과 자기개념이 불안정하다.

엄인숙은 극도의 조울증과 우울증이 있었다. 병원의 진단서를 보면 감정 기복이 아주 심했다. 그러면서 극대의 이중성을 보이며 이를 감췄다. 그녀에게서 양심의 가책이라고는 찾아 볼 수 없다. 마치 이중인격인양 완전히 다른 모습으로 자연스럽게 연기했다. 검거된 이후 재판과정에도 그녀의 냉담성은 여전했다.

고유정은 일부에서 경계선 성격장애라고 하지만 정서가 불안정하고 충동적인 특성을 보였다. 우울과 분노 사이를 오가며 폭발적인 폭력성과 욕설을 전남편과 직장 동료에게 쏟아냈다. 주변 사람들도 그녀를 예측할 수 없을 정도로 정서 기복이 심하다고 했다. 직원에게 나긋하게 이야기하다가 소리를 지르거나 욕설을 하는 등 지극히 극적인 변화를 보였다.

그럼에도 불구하고 냉담성과 무정함은 여전히 남성 사이코패스와 같다. 그녀들이 검거되는 장면을 보면 하나같이 그저 무덤덤하고 태연하다. 현장 체포 상황에서도 그랬다. 친자식에 대한 그럴듯한 관심을 보이지만, 실제는 친자식을 키우거나 돌보지도 않았다. 자식에겐 아무런 애정도 관심도 없다. 누군가에게 소중한 사람, 자신들에게 소중한 사람 가릴 것 없이 모두가 일종의 수단일 뿐이다. 그들의 친자식도 그러하다.

여성 사이코패스와 관련된 전형적 증상을 영화 「위험한 정사」에서 클렌 클로즈(Glenn Close)는 여지없이 보여준다. 그녀의 행동 특성을 보면 남자 주인공을 조종하고, 충동성이 짙고, 폭력적이고, 동정심이 부족하다. 하지만 그녀는 이런 행동을 통해 파트너와 헤어지는 것을 막고 다른 동성 경쟁자를 제거하는 방식으로 나타난다.

여성의 경우 가정에서, 배우자에게, 연인 관계에 있는 사람들에게서 나타난다. 부모의 무책임과 경제적 이득 등을 위하여 매춘 활동에 더 몰두하고 성적 파트너와 아이들에게 더 직접적인 폭력을 차갑게 행사한다.*

이런 특성은 최근 언론 보도를 통해 사건·사고를 접할 수 있지만, 어린아이를 상습적으로 학대하거나 죽음으로 몰고 가는 기제로도 작용한다. 스코틀랜드 글래스고 칼레도니언대학교 쿡과 크레이스는 정서적 불안정성, 자신에 대한 불안정한 개념과 가족에 대한 조종성 증상은 여성 사이코패스에게서 나타나는 전형적 특성이라 이야기한다.*

필자의 연구에서도 비슷한 패턴을 보였는데 한국 사이코패스 전문가들이 인식하는 여성 사이코패스의 특성은 흔히 수다스럽고, 편집성이 강해 타인을 병적으로 의심한다. 이중적이며 가식적이며, 자기개념이 불안정하고, 감정의 안정성이 부족한 측면이 강하다.＊ 대표적으로 친자식을 학대하는 여성, 특정 남성에 집착하는 여성 스토커 등을 들 수 있다.

정신건강 전문가나 교정심리학자들도 여성 사이코패스는 더 불안정하며 조종하려는 특성과 바람을 더 피우고 성적 매력을 교묘히 이용한다고 한다.＊ 사이코패스 성향이 높은 크로아티아 소녀들에게서도 원조 교제나 매춘·변태 성욕 등과 같은 성적으로 위험을 감수하려는 성향을 보였다.＊

유형으로 보자면 이들 여성 사이코패스는 2차(Secondary) 사이코패스 유형으로 볼 수 있다. 이들은 감정적으로 불안정한 경계성 성격장애나 자살 관련 행동을 더 보인다. 그뿐만 아니라 가정 내 양육자와의 상호작용이나 배우자나 연인 간 성생활에서 심각한 문제행동을 보였다. 여성 사이코패스에 미치는 중요한 이유 중에 하나는 어린시절 겪었던 트라우마나 친양육자의 방임이나 지속적인 학대, 흔히 가정폭력에 대한 노출이다.＊

아직까지 한국의 여성 사이코패스에 대한 연구는 이루어진 바가 없다. 다만 초기 범죄 행동 문제는 남성 사이코패스보다 표면적으로 덜 나타나는 듯 보였다. 여성 사이코패스는 유년시절 문제행동이 덜 나타나고, 범죄나 폭력적 재범 위험성이 떨어진다. 그러나 더 높은 수준에서 감정의 불안전성을 보이며 무모하게 성관계를 맺고 위험한 성행위를 추구하려는 성향이 강하다.*

특히 비면식 관계에 있는 사람을 주로 피해대상으로 삼는 남성과는 다르게 여성 사이코패스는 밀접한 배우자 혹은 연인 관계에 있는 이를 조종하는 방식으로 친밀한 관계에 해악적 영향을 주는 것이 특징이다.* 불안정한 정서반응과 자기를 향한 폭력성, 자해나 자기 파괴적 행동이 더 많이 나타난다는 점에서는 흥미롭다.*

어린 사이코패스에
대하여

정서성 결핍

: 냉담함 · 무정함(Callous-Unemotionality)

지난 2017년 인천에서 끔찍한 사건이 발생했다. 16세 김지연이 8
세 초등학생 2학년 여자아이를 주거지로 유인하여 살해하고 사체를
칼로 훼손해 지붕 위 물탱크에 유기한 것이다. 김지연은 정신과적 상
담을 받은 적은 있었으나 약물을 복용하지는 않았다.

다만, 사건 전 김지연은 공범인 박 양과 '자캐 커뮤니티'라는 트위터
에서 상황극 놀이를 했다. 이 상황극에서 각자의 캐릭터로 빙의해서
인육, 살인, 손가락, 사체 훼손 등에 관한 이야기를 나누었다.

결국, 김지연이 가진 실험적 환상을 현실로 드러냈다. 인터넷에서
실제 완전 범죄, 뼛가루, 도축, 시신 없는 살인 등을 검색한 것을 볼 때
가학적 판타지를 현실로 확장한 것으로 보인다. 일반적인 청소년과

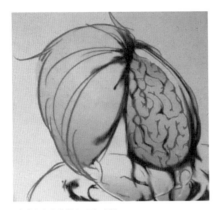

김지연이 카페에서 그린 그림[2]

확연히 다른 특성 그녀의 내면에는 냉담함, 무정함, 그리고 무감각함
이 서려 있다. 김지연은 사이코패스 성향을 충분히 가지고 있다.

그녀는 냉담하다.

초등학교 때는 자기 팔을 긁어 자해했다. 학교에 적응하지 못하며
자신이 폭력성을 보이곤 했다. 고양이를 목 졸라 죽이거나 새를 해부
한 적도 있었다. 중학생일 땐 학교 건물 난간에 매달려 주변 사람이 말
린 적도 있었다.

그녀는 무정하다.

그녀가 그린 그림이나 글귀를 보면 하나같이 사랑하는 이를 학대했
다. 난도질하는 것이 사랑인 양 표현하는 등, 이상적인 가학성과 도착
증을 보였다. 과거 좋아했던 여자가 거부하자 "각목으로 후려쳐서라
도 자기 걸로 만들고 싶다."라는 글을 작성한 것을 보면 지배적인 통

---

2 출처 〈1080회 그것이 알고 싶다 "인천 여아 살해 사건" 중 일부 화면 사진〉

제 욕구를 가진듯하다.

그녀 감정에는 안정성이 없다.

자신의 요청을 받지 않거나 동성 친구에게 거절을 당하면 욕설 문자나 사과 문자를 보내는 등 감정 기복이 심했다. 그녀는 청소년 사이코패스를 구분 짓는 핵심적인 사이코패시 성향이 있었다.

김양을 분류하자면, 아동기에서 시작한 문제 유형 집단 즉 조발성 문제 집단(child-onset group)에 속한 것이다.* 이 집단은 유년기 초에 가벼운 저항과 반항적인 행동을 보인다. 점차 일탈적 행동이 두드러지고 후기 청소년으로 갈수록 각성이 증가한다. 실제 가정폭력이 있었는지 모르겠지만, 아동 폭력에 대한 신념이나 가학적 판타지를 확장하여 현실 세계로 점차 경계를 넓혀 나간다.

최근까지 연구에서 가장 두드러진 청소년 사이코패스 성향을 고려할 때, 이들의 핵심적 기질로 정서성과 관련된 '냉담함·무정함'을 주목하고 있다. 단순 반사회적인 1차적 공격 유형, 일탈적 행동과는 분명 다른 특성이 있어야 이를 사이코패시라 이야기할 수 있다.

대표적으로 냉담함·무정함 특성은 정서성의 결핍과 연결 지을 수 있는데 죄책감의 부재, 공감력 부족, 정서적 반응의 결핍으로 말할 수 있다. 특히 심각한 수준의 청소년 범죄나 초기 문제행동을 가진 아동들이 사이코패시 성향을 더 많이 보이며 사이코패스 여부를 구분 짓게 만드는 것은 '냉담함·무정함' 특성이다.

청소년을 대상으로 '냉담함·무정함'을 평가할 수 있는 몇 가지 진단도구나 항목이 있다. 이 중 대표적으로 「냉담함-무정함 특질 검사」
는● 뉴올리언스대학교 심리학과 폴 프릭 교수가 2008년 청소년의 반
사회성과 공격적 성향을 알아보기 위해 제작했다.

그는 청소년 발달과정에서 '냉담함·무정함'이 어떻게 사이코패시
성향으로 나타나는지 그 발달 경로를 3가지 하위요인 ① 냉담함, ② 무
신경함, ③ 무정함으로 구분 지어 명쾌하게 설명했다.●

특히, 이 냉담함·무정함은 허비 클랙클리가 1976년 성인 사이코패
시 개념의 핵심적인 특질이며 반사회성 성격장애와 구분 짓는 핵심
특질이라 정의한 바 있다.●

다양한 연구에서 이 두 가지 특질이 있는 청소년의 경우 더 심각한
반사회성과 잔혹함을 보였을 뿐 아니라 청소년기 동안 높은 수준의
품행 장애를 보였다. 일탈적 비행 행동 횟수가 잦았고 재범률도 높았
다. 낮은 불안감, 낮은 수준의 행동통제, 처벌에 대한 무감각과 관련성
이 있었다.

폴 프릭의 냉담함·무정한 특질검사는 평가자가 누구냐에 따라 5가
지 유형의 버전이 있다. ① 자기 보고형, ② 부모-보고형, ③ 교사-보고
형, ④ 부모-보고형(취학 전 버전), ⑤ 교사-보고형 (취학 전 버전) 등이다.
아래는 냉담함·무정함의 대표적인 예시 문항이다. 상담 교수나 부모라
면 자세히 한번 살펴볼 것을 권하는 바이다.

① 나는 내 감정을 공공연하게 표현한다. (역문항: 반대로 해석)

② 내가 옳고 그르다고 생각하는 것은 다른 사람이 생각하는 바와 다르

다. (역문항: 반대로 해석)

③ 나는 학교나 일터에서 어떻게 잘 해야 하는지 신경 쓰인다. (역문항: 반대로 해석)

④ 나는 내가 원하는 것을 얻는 중에 다른 사람이 다치는 것에 신경 쓰지 않는다.

⑤ 내가 잘 못 했을 때 죄책감을 느낀다. (역문항: 반대로 해석)

⑥ 다른 사람에게 감정을 보이지 않는다.

이런 문항 특성이 높은 경우일수록 아동기부터 발생한 문제와 이어져 있고 유전적 기질이 더 큰 영향을 받는다. 이러한 아동의 경우에 처벌 단서를 처리하는 데 문제가 있다. 즉, 처벌 단서에 무감각해져 있어 행동 억제나 통제가 나타나지 않는다. 즉, 타인에 대한 두려움과 고통 신호에 대해서 반응성이 낮다.

청소년 사이코패스의 경우 단순히 충동적이고 반응적인 공격성을 보이는 청소년에 비해 살인, 성폭력, 신체적 상해 등의 공격행동을 사전에 계획하고 숙고하는 도구적 측면이 강하다. 이렇게 강화된 냉담함·무정함은 청소년을 거쳐 성인이 되어서도 개선되기 어렵다. 더 지속해서 반사회적 행동에 영향을 주어 도구적 공격이나 가학적 환상에 정교함을 가져다준다.

이 냉담함·무정함 증상은 DSM-5에서 품행 장애 진단을 위한 기준으로 들어가 있는데[3] '사회적 감정이 제한된'으로 명시되어 있다. 예를

---

3 APA, 2013; 정신질환 진단 및 통계 매뉴얼(약칭 DSM) 다섯 번째 개정판으로 미국정신의학협

들어 김지연은 타인에 대한 죄책감 결핍, 또래와 관계에서 공감력이 떨어지는 등 냉담성이 강하며, 학교에서는 처벌에 대한 불안감 결핍, 주변인에 대한 얕은 감정 표현, 불안정한 정서 표현 등이 대표적 증상이다.

앞서 언급한 냉담함·무정함의 증상 3가지 중 2가지 이상만 존재해도 그 공격성이 더 잔인하고 치명적인 손상을 가할 수 있다. 3년 후에 성인이 되어서도 5배 이상의 심각한 행동 문제를 보일 가능성이 농후하다. 따라서 상담교사나 치료사가 청소년 사이코패시를 다룰 때는 전문가와 냉담함·무정함의 특성을 함께 논의하고 치료 과정에 포함해야 한다.

어린 사이코패스의 냉담함·무정함

이들이 일탈성이 강한 이유는 정서성 문제인 공감력 결핍과 죄책감 결여와 연관성이 있다. 양심의 발달은 결국 양육자의 역할과 긴밀한 상호작용, 엄마와의 애착 형성 단계에서 아이의 타고난 기질 성향과 상호작용을 통해서 이루어진다. 많은 연구자가 이 상호작용으로 냉담함·무정함을 설명하려 했다.

어떤 연구자는 양육자와 자녀 사이에 관계의 질은 아이에게 두려움이 없게 하거나 양심이 결핍에 중요한 역할을 한다고 보았다.* 따라서 부모와 자녀 간 관계의 긍정적 자질은 부모의 따뜻한 양육이 핵심 기

회(APA)에서 발행한 분류 및 진단 절차로 2013년 업데이트 했다.

능을 한다. 부모와의 안정적인 애착은 기질적으로 두려움이나 불안이 없는 아동에게 작용해서 양심을 발달시키는 가교역할을 한다.

반면 가혹하고 비일관적이며 강압적 양육 태도는 기본적으로 냉담함·무정함의 특성이 높은 청소년을 촉발해 냉담성과 무정한 혹은 얕은 정서성을 더 강화한다. 또한 반사회적 행동을 보이는 청소년의 경우 냉담함·무정함을 동반한 사이코패스 청소년보다 부모의 처벌이나 보호자의 일관성 없는 양육 태도에 더 큰 영향을 받는 것도 사실이다.

이는 냉담함·무정함이 타고난 사이코패스 청소년은 아동기에서부터 문제가 시작되어 성장하면서 이 기질의 영향을 강하게 받기 때문에 부모와의 상호작용 영향이 상대적으로 적게 나타난다.

결국 문제행동을 보이지만, 공감과 죄책감을 느끼고 자신의 잘 못된 행위에 대해 불안, 걱정 등의 감정적 반응을 보이며 타인의 고통을 느끼는 청소년과 자신의 행동으로 친구가 받을 상처와 고통에 아무런 가책과 공감을 갖지 못하는 청소년을 구분 짓는 기준은 '냉담함·무정함'이 되는 셈이다. •

품행장애와 주의력 결핍 및 과잉 행동 장애, 사이코패시 성격장애

품행 장애(CD)

CD는 사람이나 동물에게 위해를 가하는 ①공격적인 행동, ②재산

손실이나 재산파괴를 일으키는 비공격적 행동, ③사기 또는 절도, ④ 심각한 규칙 위반 등 4가지 영역에서 문제행동을 보인 이들 중에서 이 중 세 가지 이상의 행동을 일 년 동안 했고, 최소한 육 개월 안에 한 가지 이상 발생해야 진단할 수 있다. 크게 두 가지 유형으로 구분할 수 있다. 소아기 발병형은 10세 이전에 품행 장애 특유의 진단 기준 가운데 적어도 한 가지 발생한 경우 청소년기 발병형은 10세 이전에는 품행 장애의 어떠한 진단 기준도 충족시키지 않는다.

주의력 결핍 및 과잉 행동 장애(ADHD)

ADHD는 아동기에 많이 나타나는 장애이다. 지속해서 주의력이 부족하여 산만하고 과다활동·충동성을 보이는 상태를 말한다. 이러한 증상은 치료하지 않고 내버려 두면 아동기 내내 여러 방면에서 어려움을 지속한다. 일부는 청소년기와 성인기가 되어서도 증상이 남는다.

ADHD 아동은 자극에 선택적으로 주의를 집중하기 어렵다. 지적해도 잘 고쳐지지 않는다. 따라서 선생님의 말씀을 듣고 있다가도 다른 소리가 나면 금방 그곳으로 시선을 옮긴다. 시험을 보더라도 문제를 끝까지 읽지 않고 문제를 풀다 틀리는 등 한곳에 오래 집중하는 것을 어려워한다.

또 ADHD 아동은 허락 없이 자리에서 일어나고, 뛰어다니고, 팔과 다리를 끊임없이 움직이는 등 활동 수준이 높다. 생각하기 전에 행동하는 경향이 있고, 말이나 행동이 많고, 규율을 이해하고 알고 있는 경우에도 급하게 행동하려는 욕구를 자제하지 못한다.

아동과 청소년이 품행 장애와 주의력 결핍 및 과잉 행동 장애를 동시에 경험하게 되면 품행 장애만 가지고 있는 청소년보다 더 위험한 수준의 공격성과 반사회적 행동을 보인다.

아동기를 지나 청소년기에 이르게 되면 절도, 청소년 비행과 일탈, 범죄의 심각성에 영향을 주게 되고 결국 성인기에 이르러서는 체포와 시설 수용으로 이어진다. 특히, 언어와 청각 기억에 손상이 쉽게 일어나서 언어지능과 집행기능에 더 큰 결함이 생기며 반응 억제에 문제를 보인다.

공격성을 보이는 청소년에게 품행 장애와 주의력 결핍 장애는 하나의 집단을 구분 짓는 중요한 기준이다. 사이코패스와 비슷하게 즉각적 만족을 더디게 끌거나 반응을 조절하는 과정에서 심한 어려움을 느낀다. 유아기 시절 발화하며 주의력이 떨어지고, 활동이 과하게 나타나며 부주의하다. 충동적인 행동으로 이어지기에 십상이다. 이후, 아동이 되어서는 또래관계에 필요한 사교적 언어능력과 운동 기술을 숙달하는 과정에 저항적이거나 거부적인 태도를 보이게 된다. 이런 태도는 역기능적으로 타인을 조종하고 냉담한 정서적 반응을 불러일으킨다.

초기에 발생한 품행 장애와 주의력 결핍·과잉 행동 장애는 사이코패스보다는 반사회성 성격장애(ASPD)로 진단받은 사람에게서 더 많이 발생한다. 사이코패스에게는 이런 두 가지 장애와 상관없이 두드러지게 나타난다. 사이코패스는 충동적이면서 반사회적인 생활방식 이외에 특정 정서성 결핍과 대인관계 문제가 동시에 존재한다. 특히,

양심결핍이나 죄책감 결여 등과 같은 정서성 결핍은 사이코패스를 구분 짓는 중요한 가늠자이다.

심리학자 베리는 ADHD를 가족이나 주변 친구들에게 보이는 아동의 냉담성-무정함 특질 검사 도구를 이용하여 측정했다.• 냉담함-무정함의 차원이 유독 높은 아동의 경우 ADHD만 있는 아동보다 주변 반응을 조절하고 행동을 억제하는 심각한 지장을 보였을 뿐만 아니라 위험한 자극을 반복해서 추구하며 쾌락적 스릴에 몰두했다. 이로 비추어 보건데 아동과 사이코패스를 잇는 중요한 특질 중 하나가 역시 냉담함-무정함이라는 것이다.

청소년 사이코패스, 케빈에 대하여

청소년 사이코패스를 생각하면 개봉 당시 필자가 흥미롭게 본 영화 「케빈에 대하여」•가 떠오른다. 미국의 유명 작가 라이오넬 슈라이버 (Lionel Shriver)의 원작소설을 각색하여 만든 영화이다. 케빈이라는 사이코패스 자식을 둔 엄마 에바의 삶을 사실적으로 바라보며 심층적으로 다뤘다. 필자가 실제 청소년 사이코패스를 이야기할 때 전형적인 사례로 언급하는 영화이다.

자유롭게 여행하다 만난 에바와 프랭클린. 에바는 원치 않는 아이를 갑자기 갖게 되었다. 케빈은 성장하며 엄마 에바를 괴롭힌다. 성장 과정에서 남들과는 전혀 다른 이상한 아들 케빈에게서 에바는 심연 속의 악을 마주하듯 직면한다. 에바를 곤란에 빠뜨리려고 일부러 케빈은 사고를 연이어 일으킨다. 그러다 참을 수 없게, 정말로 사랑스러운 여동생 실리아가 태어난다.

에바는 한없이 사랑스러운 딸, 실리아를 더 편애하고 아낀다. 엄마라는 의무감으로 케빈과 관계를 맺어 보려 하지만 실패한다. 케빈은 실리아가 아끼던 개를 죽이고 주방용품으로 실리아의 한쪽 눈을 실명하게 한다. 16세가 되기 전 케빈은 아빠가 크리스마스 선물로 준 활로 여동생 실리아와 아빠 프랭클린을 죽인 후, 학교 체육관 문을 닫아걸고 학교 친구들을 무참히 죽인다.

무표정, 건조한, 냉담함, 무정함, 감정을 표현하지 않는 측면이 영화 전편에 걸쳐 암울하게 드러난다. 다름 아닌 사이코패스의 모습을 면면히 볼 수 있다.

"네가 태어나기 전에 엄마는 더 행복했다."

케빈이 엄마 에바에게 어떤 존재였는지 그녀의 한탄스런 푸념을 보면 더 잘 이해할 수 있다. 아이를 가진다는 것과 키운다는 것을 한 번도 상상해보지 않은 자유 영혼 에바에게 전혀 사랑스럽지 않은, 괴물과도 같은 이상한 아이가 태어났다.

에바에 대해 모두 알고 조종하는 듯 한 표정, 엄마를 약 올리는 반복적인 행동과 냉담함, 엄마와 교감하지 못하는 반응과 차가움, 엄마가 힘들어하는 모습을 즐기는 그야말로 양심의 가책이 전혀 없는 무정한 아이다.

애초에 타고난 아이의 사랑스러운 미소와 천진난만함은 아예 없는 듯하다. 에바에게 적대적이고 가학적이지만 다른 사람 앞에서는 전혀 그렇지 않은 듯 이중적으로 행동한다. 아버지와는 문제가 없는 듯 보이지만 케빈은 아버지에 관해 관심이 전혀 없다. 그냥 문제가 없는 듯 행동할 뿐. 자신에게 아무런 적대성을 가지고 있지 않은 실리아. 친동생 실리아가 사랑하는 것을 모두 죽이고, 동생 실리아의 한쪽 눈마저 가져간다.

이를 괴로워하는 엄마를 보며 냉소적으로 무심한 듯 응시한다. 그런 것이 없으면 케빈에게는 사는 것이 무미건조하다. 이미 태생적으로 냉혹하리만큼 서늘함을 타고 태어났다. 우리는 이를 소위 무정함, 냉담함, 다른 말로 '사악함'으로 표현한다.

케빈 엄마, 에바 그리고 에바 아들, 케빈

케빈의 친엄마, 에바는 분명 케빈이 태어나면서 흔히 모성애를 가진 엄마가 주는 따뜻함, 포근함을 주지 않았다. 케빈은 에바에게 그냥 귀찮은 존재다. 본인 자신도 정체성의 혼란을 느끼며 차가움과 냉담함 그 자체로 케빈을 응대한다. 일종의 정서적 학대인 셈이다. 우는 케빈을 달래지 않고 무미건조하게 케빈을 바라보며 내버려 둔다. 엄마인 에바는 조건 없는 사랑과 따뜻한 눈빛을 주지 않았다.

에바는 불안정했고, 일관성이 없었고, 케빈의 존재 자체를 거부했다. 케빈이 배변 실수를 하고 새 기저귀를 갈아주자마자 다시 대변을 보는 바람에 에바가 케빈을 때렸다. 에바의 애정은 일관적이지 않았으며 때론 폭력적이었다. 그녀에게 케빈은 감당할 수 없는, 어쩌면 버리고 싶은 하나의 짐이었는지도 모른다.

여기서 양육자와 아들의 역할과 상호작용을 잘 살펴볼 필요가 있다. 엄마가 케빈에 대해 어떻게 생각하는지에 관한 단적인 정보는 케빈의 말을 통해 알 수 있다.

"당신은 나를 좋아하는 게 아니라 그냥 나에게 익숙한 거야"

한참 사랑을 받아야 하는 시절에 이 말은 참으로 잔인하다. 엄마에게 당신은 나를 좋아하는 게 아니라 그냥 익숙한 것이라니….

케빈은 자신을 진심으로 사랑하는 아빠, 프랭클린을 한 치의 망설임 없이 죽인다. 뚜렷한 동기도 없이 그냥 아빠를 죽였다. 너무나도 사랑스럽고 귀여운 실비아는 케빈을 적대적인 존재로 한 번도 생각하지 않았다. 실비아는 엄마로부터 조건 없이 사랑을 받는 존재다. 케빈과는 달리 순하고 착한 실비아는 엄마 에바에게는 목숨과도 바꿀 수 없는 소중한 아이다. 케빈은 동생 실리아가 태어나자마자 극도의 질투심과 분노를 느꼈다. 케빈은 잘 안다.

"실리아의 죽음이 엄마에게 가져다줄 고통과 괴로움을"

점진적으로 엄마와 동생에 대한 케빈의 가해성이 짙어지고 그들 모두의 목숨을 위협한다. 화장실에서 자위 중인 자신을 쳐다보는 엄마를 향해 바라보는 냉소적인 눈빛은 죽음을 알리는 복선일지도 모른다. 실리아가 아끼던 기니피그를 죽이고 사체를 배수구 구멍에다 둔다.

영화의 마지막 장면에서 성인교도소로 이송되는 케빈을 만나 에바가 묻는다.

"왜 그랬니?"

"안다고 생각했는데 이젠 모르겠어."

케빈의 이 대답은 정답일지 모른다.

이미 악의 씨앗을 갖고 태어난 케빈은 그의 본능대로 할 뿐 아무런 의도나 이유가 없다. 다만 극도의 지루함과 권태로움에서 벗어나기 위해 괴롭혔고 이를 보며 그냥, 유쾌하게 웃었다.

케빈은 애초부터 자신의 행동이 왜 잘못되었는지 몰랐을 수도 있다. 지금도 그는 감옥에서 그럴 수 없다는 것이 무료하고 지루할 뿐, 아무런 죄책감과 후회를 느끼지 못한다.

이것을 사이코패스 케빈만의 잘 못이라 말할 수 있는가?

냉소적이면서 웃음기 없는 케빈의 얼굴을 떠올리면 생각나는 연구 결과가 몇 가지 있다.

〈사이코패스 위험군의 웃음전염 감소〉라는 논문에서 11~16세 사이에 있는 청소년을 대상으로 일반인 청소년과 남이 웃을 때 그것을 얼마나 공감하고 잘 따라 웃는지 조사했다. 이들에게 미리 녹음한 가족과 주변 사람들의 유쾌한 웃음소리를 들려주고 아이들의 뇌 활동을 살펴보았다.

사이코패스 기질이 있는 청소년은 앞섬 뇌(anterior insula)의 활동이 현격히 잦아들었다. 이 뇌 부위의 역할은 사람의 감정을 받아들이며 이해하고 공감하는지를 담당하고 있다.

케빈처럼 사이코패스인 사람은 유쾌한 상황에 참여하고 싶지 않을 것이다. 다른 사람이 느끼는 슬픔, 두려움 등 부정적인 감정에 반응하지 않는다. 감정을 느끼는 맥락과 속성을 구분하고 연결하지 못한다. 부정적 감정뿐만 아니라 행복, 사랑, 이해 같은 타인의 감정도 잘 이해하지 못한다.

최근에 많은 연구자에 의해서 유아의 사이코패스 징조를 찾아내기 위해 다양한 시도를 하고 있다. 영국의 킹스 칼리지의 심리학자는 213명의 5주 차 영아를 대상으로 시각적 선호도를 조사했다.

아기는 사람의 얼굴과 사물 중에 어떤 것을 더 오래 혹은 먼저 바라보는가이다. 그런 다음 2년 지나서 같은 아이들에게 냉담함-무정함 정도를 평가했다. 이 냉담함-무정함은 서로 간의 공감력 결핍, 정서적 교감 실패, 죄책감과 후회감의 부재, 양심결핍 등을 총체적으로 말한다.

그 결과 아이들은 사람의 얼굴보다 빨간 공에 더 관심을 보였다. 이를 오래 응시하거나 먼저 바라본 아기들이 유아가 되어서는 냉담성과 무정함 성향이 더 높게 나타났다. 결과를 곧이곧대로 해석할 일은 아니지만, 아이의 정서성을 이해하는 하나의 조그마한 퍼즐이라 볼 수 있다.

케빈의 경우에 엄마의 안정된 애착과 따뜻한 양육이 있었다면 무딘 아이의 정서성을 어느 정도까지는 상쇄시켜 줄 수 있지 않았을까. 아이의 욕구에 귀 기울여 주고 끝까지 세심하게 듣고 반응하며 한없이 따뜻한 엄마 품으로 안아주면 아이의 차가움은 더디지만, 차츰 줄어들었을 수도 있다. 케빈에 대해 보인 에바의 양육 반응을 보면 케빈이 어떻게 냉담성과 무정함이 더 강화되고 가학적으로 진화되어 촉발되었는지 사실적으로 잘 보여주는 듯하다. 물론 실제 연구와는 다른 모습일 수도 있다.

유아와 아동들의 사이코패스 성향

유아와 아동의 사이코패스 연구를 통해 밝혀진 사실을 크게 3가지 측면에서 특성을 찾아볼 수 있다. 이들의 성향은 대인관계 양식, 정서적 손상, 충동적 행동으로 나타나는 편이다. 우리 유아들을 세심하게 눈여겨볼 대목이다.

첫째, 대인관계 양식에서 매력적인, 교만함, 남을 속이기 위해 조종한다.

많은 연구에서 이미 발달 초기 어린아이들은 양육자 특히, 엄마나 선생님을 통제하려 들고 의도된 목적을 위해 잦은 거짓을 말하며 다른 아이들을 조종하여 선생님이 상대 아이에 대해 거짓된 믿음을 갖게 했다. 모든 관심의 중심에 자기가 있기를 원하며 자기중심적인 성향이 있고, 비현실적인 자존심을 갖는다. 이런 성향은 비교적 어린 나이에도 관찰할 수 있다. 이 특성이 강할수록 또래 따돌림과 가해 행동 집단의 핵심 주동자가 될 가능성이 크다.*

부모의 양육방식 또한 아이 스스로가 다른 아이보다 우월하다거나 다른 사람을 조종하여 자기가 원하는 것을 갖거나 과도한 자존감을 느끼는 특성과 관련이 있다. 아이를 대하는 부모의 차가움, 정서적 방임, 무관심. 교류할 수 없는 단절, 강압적 태도와 억압은 하나같이 어린 사이코패스의 대인관계 패턴에 직·간접적인 영향을 준다.•

둘째, 정서적 손상으로 결핍된 공감과 정서적 냉담성이다.

유아기 때부터 양심이 발달하고 사회적 규범과 가치가 내재화된다. 생후 8개월에서 10개월 사이의 유아에게 공감에 대한 정서적 지표가 나타났다. 2세까지 점진적으로 공감력과 양심이 발달한다. 또 22개월 아이는 자신이 잘못했다는 신호를 엄마로부터 받게 되면 긴장감을 보인다. 시선을 피하거나, 표정이 바뀌거나, 울려 하거나, 다양한 징후를 보인다.

다른 아이는 엄마에 행동에 의도적으로 적대적 반항하거나, 잔인한 반응을 보이거나, 냉담한척 하거나, 죄책감을 느끼지 못한다. 엄마의 자극에 무신경한 모습을 보인다.• 초기 양심의 내재화를 위해서 엄마를 통해 사회적 참조를 명확히 가르칠 필요가 있다.•

마지막으로 자극 욕구나 쉽게 지루함을 느끼는 성향이다. 최근 위험추구 행동과 관련하여 2세부터 자극을 추구하고 지루함을 쉽게 느끼는 경우 사이코패스와 매우 관련성이 높다는 결과가 있다. 부모의 양육형태와 주변 환경 요인에 따라 아이가 더 충동적으로 감각을 추구한다.

부유하거나 높은 사회적 지위에 있는 경우에는 스카이다이빙이나 패러글라이딩과 같은 극한 스포츠나 위험성이 높은 활동을 추구하게 되어 친 사회적 형태로 발현한다. 그러나 빈곤층에서는 도박, 범죄, 약물 중독, 알코올 등 다른 정신건강을 위협할 수 있는 활동과 맞물려 전개된다.* 이후 아이들은 점차 개인적으로 더 대담해지고, 무책임한 행동에 몰입하며 지루함에서 벗어나기 위해 더 자극적인 행동을 보인다.

어린이, 청소년 사이코패스 성향 평가

13세부터 사이코패스 성향을 보인 상위 10% 아이들은 앞으로도 11년 후에 성인이 되어서도 다른 아이들보다 사이코패스 점수가 높아질 가능성이 3.22배가량 높았다. 하지만 하위 90% 대부분은 사이코패스 특성이 비슷하거나 오히려 감소했다. 다만, 전 생애 기간을 바탕으로 한 연구를 보면 유아기, 아동기, 청소년기, 성인기를 거치면서 사이코패스 성향은 비교적 안정적으로 유지되는 편이며 상당 부분 유전적 영향이 사이코패스 발현에 영향을 주었다.

에모리대학교 심리학과 왈드만 교수와 동료들은 유전성 요인이 전체적으로 40~65% 범위 내 수준으로 사이코패스 발현에 영향을 주는 것으로 보고 있다.* 많은 연구에서 정서적으로 자극적인 동영상이나 그림을 제시하더라도 사이코패스는 일반 아동보다 반응하는 심박 수나 피부전도율이 오히려 감소했다. 예를 들어 두려운 얼굴과 무서운 얼굴을 보여줘도 오히려 오른쪽 편도체(감정의 뇌라고 불리며 식욕, 성욕, 두려움의 기저를 형성) 활성이 감소했다는 것이다.*

10~13세 소년들의 특정 뇌 영역을 살펴보았는데, 유전적으로 이미

타고난 기질과 관련성이 있었다. 특히, 전두엽의 대상 피질 회백질의 농도가 낮게 나와 유의미한 유전 가능성 관련이 있었다. 지금까지의 연구를 살펴보면 인지·정서적 결핍, 뇌신경학적 구조와 기능에 영향을 미치는 유전자 변이 등을 사이코패스 특성과 관련된 생물학적 지표 증거로 확인할 수 있다.

어린이·청소년을 대상으로 사이코패스를 평가할 수 있는 도구 다섯 가지를 소개한다. 전체적으로 자기-보고형과 면담-기반 두 가지 버전이 있다.

첫째, 직접 면담을 기반으로 한 헤어의 PCL: YV이다.

이 도구는 또래 친구, 가족, 학교 활동 맥락에 맞춰 문항을 수정했다.◆ PCL: YV는 3점을 기반으로 평가하며 총 20개 문항으로 구성했고, 13~18세 청소년들에게 사용한다. 기본적으로 높은 신뢰도와 타당도를 나타내고 있다.◆

둘째, PCL을 기반으로 프릭과 헤어가 개발한 반사회적 성격평가 척도(APSD)는 부모나 교사들이 제공한 정보를 기반으로 완성한다.

APSD는 6~13세를 대상으로 하며 자기 보고식은 13~18세 사이의 청소년을 대상으로 사용할 수 있다.◆ 하지만 아이들을 위해 만들어진 도구로 신뢰도와 타당도가 다소 낮아 추가 연구가 필요한 상태이다.◆

셋째. PCL을 기반으로 라이남이 개발한 아동 사이코패스 척도(CPS)는 6~17세의 아동과 청소년들을 대상으로 하고 PCL-R 13개 항목을 기본으로 총 55개의 문항을 구성했다.

CPS는 양육자가 보고하는 양식과 아이 스스로 보고하는 양식 두 가지 버전이 있다. 전체적으로 신뢰도는 낮지 않고 사이코패스 유형을 효과적으로 예측한다는 장점이 있다.*

넷째, PCL-R 3모델을 기반으로 앤드셰드 등이 개발한 청소년 사이코패스 특질 검사(YPI)는 총 50개 문항으로 이루어진 자기 보고검사이며 4점 척도로 구성되어 있다.*

YPI는 과시성-조종, 냉담함-무정함, 충동적-무책임함 등 3개 차원으로 나뉘어 있다.

과시성-조종은 부정직한 매력, 과시성, 거짓말, 조종하려 하는 등으로, 냉담함-무정함은 냉담성, 무정함, 후회감 결여 등으로, 충동적-무책임성은 충동성, 스릴을 추구하는 무책임함으로 구성되어 있다. 내적 신뢰도는 일반적으로 만족스러우나 냉담함-무정함이 다소 낮아 추가적인 연구가 요구되는 도구이다.*

마지막으로 2002년 콜린스 등이 개발한 아동 문제 특질 검사(CPTI)는 3~12세의 아동의 과시성, 거짓, 공감력 결여, 죄책감이나 후회감 결여, 충동성, 자극 욕구에 관해 총 28개 문항으로 이루어져 있다.*

필자가 추천하는 것은 YPI와 CPTI 두 가지 도구이다. YPI 버전은 청소년을 대상으로 하고, CPTI 버전은 초등학교 교사나 유치원, 어린이집 교사가 28문항을 평가하게 되어있다. 높은 내적 신뢰도와 만족할만한 타당도를 보여주고 있다. 비교적 반사회성과 범죄 행동 그 자체에 기반을 두고 있지 않다. 정서성 등의 사이코패스의 핵심적 면을 잘 측정해주는 YPI와 CPTI를 추천할 만하다. 각 나이에 따라 구분하여 사용할 수 있으며 초·중교 상담교사 간의 신뢰도가 좋기 때문이다.

심연의 악,
과학적 실체를 찾아서

PSYCHOPATHY:
THE MASK OF INSANITY

Chapter 2-1

사이코패스와
파괴적 본능

사이코패스는 사람에게 본능적으로 공격성과 적대성을 보인다. 이미 타고난 습성은 어떻게 할 수 없다. 아무런 이유와 뚜렷한 동기가 없다. 그냥, 본능대로 행동할 뿐이다. 사이코패스의 공격적 본능은 그들에겐 피할 수 없는 운명과도 같다. 밀려오는 파도처럼.

유영철이 담당하게 말했다.*

"나는 피해자를 사망하기 전에 가지고 놀았다. 살아있는 간을 먹기 위해 피해자를 기절시킨 채 개복했다. 살해한 뒤에는 피해자의 몸 일부를 하나씩만 수집했다. 사체를 유기하는 과정을 모두 마치고 산에서 내려올 때는 야호를 외치듯 기분이 좋았다. 또, 하고 싶다는 생각이 들었다."

지난 20년간 다양한 연구를 통해 입증된 사실은 폭력성과 가학성을 예측하는 중요한 변인 중의 하나는, 사이코패시 성격장애이다.* 국내외 대표적인 사이코패시 진단 도구인 로버트 헤어의 PCL-R(Psychopathy Checklist-Revised)를 통해 사이코패스로 진단받은 사람은 그렇지 않은 사람보다 향후 5년 이내에 5배 이상 재범할 가능성이 크다고 한다. 많은 연구에서 사이코패스 범죄자가 더 잔혹한 방식으로 타인에게 공격성을 보인다. 양심의 가책이나 죄책감 없이 진화적으로 타고난 본능에 의한 것으로 보고 있다. 이 사실은 동서양을 불문하고 모든 성별, 인종, 세대에서 나타나는 공통된 결과이다.

완벽한 듯 완벽하지 않은, 결함 있는 포식자

일반적으로 사이코패스는 정상적 사기꾼으로 사회에 적응하며 살거나, 오랜 기간 이중적으로 우리의 이웃에 숨어 직장동료, 배우자, 연인, 친구로 기생하며 생활한다. 정명석, 광신교 교주, 부패한 정치인, 성공한 CEO, 보험 사기꾼, 고리대금업자, 증권거래소 직원. 자식을 학대하는 계모, 끊임없이 괴롭히는 직장 상사나 동료, 댓글과 거짓 기사로 독자를 현혹하는 기자 등 다양한 모습으로, 제각각 다른 듯 같은 모습으로 존재한다.

소위 피상적으로 비치는 매력이나 사기를 치는 기만술은 언어와 비언어적 기교를 통해 빛을 발한다. 인류라는 같은 종내 포식자로 능력을 가감 없이 발휘한다. 이들의 공개적이지 않은 일종의 악의적인 사회적 기교 혹은, 독선적 기만은 많은 사람에게 씻을 수 없는 해악을 끼치고 있다. 따라서 비폭력적이지만 은밀하게 나타나는 괴롭힘 행동은 사전에 숙고를 거듭해 도구적으로 잘 짜인 것이다.

필자가 아는 특정 사이코패스 가운데 하나인 유영철의 범행 수법은 사전숙고와 계획, 치밀함, 도구적 특성을 보인다. 예를 들면 성적 욕구와 금전적 목적을 취하기 위해 사전에 치밀한 계획을 세우고, 체포와 감금에서 벗어나기 위해 사후 회피 계획까지 치밀하게 짠다. 심지어 무정하고 냉담한 어린 청소년 사이코패스도 자신이 원하는 보상을 추구하기 위해 계획적으로 공격성을 드러내기도 한다.

그럼에도 대부분 사이코패스는 동시에 공격적 행동을 통제하는 데 상당한 어려움을 느낀다. 주변 사람이 보기에 무모할 정도로 위험을 감수하거나 충동적으로 공격성을 표출한다. 결국, 이런 것이 결정적인 단서가 되어 검거되고, 유죄판결을 받고, 교도소에 갇힌다.

다양한 동기가 함께 섞여 있고 개인의 목적을 얻기 위해 심사숙고하려고 하면서도 어떤 특정 상황이나 사건에 대해서는 충동적이거나 자기 패배적 방식으로 반응하려고 한다. 따라서 포식자로 다른 사람을 먹이로 삼지만, 자신의 행동을 일관성 있게 통제하지 못한다.

이들은 대중에게 막강한 권력을 가지면서 엄청난 스케일로 사람을 속이고 지배하려 든다. 우리는 이런 위험한 사이코패스 기질이 겉으로 보이는 매력, 사교성, 정상인처럼 보이는 외모에 의해 모두 속아 넘어간다. 성공적 사이코패스는 철저한 이중적 가면을 쓰고 비윤리적이면서 아주 착취적인 성향을 그럴싸하게 포장하여 숨기거나 넘어간다.

하지만, 이런 가식성은 결국 순간순간 주체할 수 없는 무모함과 무책임한 생활양식에서 표면으로 드러난다. 결국 우리는 이들이 불완전한 포식자임을 알아차린다. 필자는 이들을 '결함 있는 포식자'라 일컫는다.

도구적 포식자

그럼 위 내용에 이어서 들 수 있는 흥미로운 점은 '사이코패스가 자신의 어떤 목적을 달성하기 위해 도구적인 방식으로 범행을 저지르는가?'이다.

아래 표에서 제시하는 프릭과 마시 교수의 공격성 형태와 기능에서 일반적 사이코패스의 공격성은 명시적 방식으로 나타나기 십상이며 타인에게 신체적 위해를 끼치는 방식으로 나타난다. 이들의 행위엔 정당한 이유가 없고, 도구적 이득이나 타인 지배를 목적으로 사용한다고 주장했다.

공격성 형태	공격성 기능
명시적 공격성 위협하는 공격적 행동을 포함하여 타인의 신체적 안녕을 해치고 손상. 가장 일관적으로 사이코패스와 연관이 높음	**반응적 공격성** 도발이나 위협에 대한 분노 반응으로 발생
관계적 공격성 타인의 사회적 관계, 소속감에 손상 입힘. 타인에 대해 험담, 집단에서 표적 아동을 배제, 뜬소문을 퍼뜨리거나 타인에게 표적 아동과 친구가 되지 말라고 하는 행위·사회적 심리적 문제들과 관련	**주도적 공격성** 정당한 이유가 없고 도구적 이득이나 타인 지배를 위해 사용. 사이코패스 특성과 관련

출처: Frick & Marsee, 2018

이와 함께 허비 클렉클리가 주장한 바에 따르면 사이코패스 성향이 아주 높은 사람일수록 도구적 폭력성을 보인다는 점이다. 반대로 사이코패스 성향이 낮은 사람은 일반적으로 반응적 폭력성을 보인다. 단순 PCL-R 점수를 놓고 연구한 결과를 보면 재미있게도 낮은 수준의 사이코패스보다 높은 사이코패스 성향의 사람은 물질적 이득과 이윤 추구 등 외현적인 획득물에 더 동기화가 되어 범죄를 저지른다고 한다.

필자의 지도교수였든 스티븐 하트 교수의 연구 결과는 "높은 수준의 사이코패스가 계획적으로 도구적인 방식으로 범죄만을 구성하느냐?"라는 질문에 "그렇지 않다"라고 답하고 있다. 사이코패스도 가끔은 범죄를 저지르는 과정에서 충동적 행동을 보인다.● 하트 교수와 뎀스터 교수는 이를 충동적 도구화(Impulsive Instrumental)라고 지칭했다.● 흥미로운 단어인 듯하다.

PCL-R의 대인관계·정서성 측면인 피상적 매력, 병적인 거짓말, 타인을 조종함, 후회 및 죄책감 결여, 냉담함, 공감 능력 결여 등과 같은 특성들은 사전에 심사숙고된, 특별한 이유가 없는, 무동기 도구적 공격성과 관련성이 있다.

필자가 특별히 존경하는 법심리학자 멀로이에 따르면 PCL-R의 충동성-반사회성 행동 중 기생적인 생활 방식, 부주의함, 충동성, 모험·위험 추구, 무책임성, 통제력 부족, 청소년비행, 다양한 범죄력 등은 반응적 혹은 감정적 공격행위와 관련성이 있다고 한다.●

플로리다주립대학교 크리스토퍼 패트릭 교수가 제시한 삼 원 사이코패스 평가(TriPM) 영역 중 하나인 '탈 억제성'이나 '충동성'은 강제적 범죄행동과 강한 관련성이 있었다.● 또한 릴리언필드 교수가 만든 사이코패스 성격검사(PPI-R)요인 중 하나인 '자기중심적 충동성'은 모든 수준의 사이코패스 공격성과 높은 관련성이 있었다.● 하지만 정서성과 관련된 '대담성', '두려움이 없는 지배성'은 도구적 공격성과 긴밀한 관련성이 있었다.●

미루어보건 데 사이코패스의 정서성 문제와 대담성(일종의 불안감 결여와 유사)은 사이코패스가 저지르는 심사숙고형이나 도구형 범죄의 기저에 깔린 가장 핵심적인 '동기 기제'라고 볼 수 있다.

잔인한 포식자는 피식자 지배가 목적이다

높은 수준의 사이코패스는 포식자로써 '피식자-포식자 상호작용' 법칙에 따라 본능적으로 행동한다. 이를테면 고차원의 사이코패스가 보이는 모든 행동은 오로지 자신이 노리는 피식자에 모든 에너지와 시선이 쏠려있고, 최종적으로는 자신의 먹잇감을 마음대로 부리며 지배하는 것이다. 죽이고 먹는 것, 그 자체가 목적이 아니다. 그 행위를 통해서 얻는 것 즉, 피식자에 대한 우위를 점하는 것 자체가 목적이라 할 수 있다.

마치 잔혹한 동물의 세계에서 포식자인 상어가 바다표범을 잡아서 먹지 않고 장난치며 놀다가 죽인 후 버리듯이 말이다. 우리에겐 이 장면은 끔찍하지만, 그들에게는 본능적인 당연한 행동이자 진화론적인 극히 자연스런 발현이다.

사이코패스는 타인과 감정적 상호작용을 통해 관련성을 전혀 맺지 못한다. 따라서 지배와 복종이라는 자기 나름의 흑백논리 프레임에 갇혀 있다. 이 프레임에는 분명 외면적 목적은 존재하지 않을 수 있다. 왜냐면 자신의 욕구, 타인을 대상으로 누리는 지배성과 우월의식은 일종의 주관적 만족감이다.

마음에 드는 특정 피식자를 보고 이를 전력을 다해 추적하고, 사냥하고, 제압하고, 포획하고, 가지고 놀며 지배한다는 것은 사이코패스의 경우 그 과정 자체가 쾌락적 보상이 될 수도 있다. 이 과정은 그들에게 일종의 가학성으로, 혹은 무모한 스릴감을 추구하거나, 오만함으로 우리에게 비칠 수 있다. 대표적으로 데이비드 버코위츠(David Berkowitz)를 들 수 있다.

"나는 괴물이다. 나는 사냥을 좋아하는 샘의 아들이다."

샘의 아들이라는 연쇄살인범.

데이비드 버코위츠는 1953년 뉴욕에서 태어났지만 그가 어린아이일 때 버려졌고, 입양된 채 성장했다. 거짓말과 허풍이 심했고 낮은 자존심을 갖고 살았다. 그의 첫 범행은 20대 초반에 연약한 여성을 대상으로 시작했다. 점차 대범해지면서 1976년 차 안에서 남자와 여자를 덮쳐 괴롭히며 6명을 살해했다.

새벽 차 안에서 이야기를 나누던 연인, 영화를 보고 돌아가던 두 여자, 친구와 이야기를 나누던 18세의 검은 머리카락의 소녀, 사람들을

보고 주저 없이 다가가 44구경 불독 권총을 꺼내 아무런 이유 없이 그
냥 쏘았다.

　아래는 데이비드 버코위츠가 차량 안에 있던 여성 피해자를 죽인
이야기이다

　거리에 선 채 몇 분 동안 한 커플이 주위의 시선에 아랑곳하지 않은 채
정열적으로 키스를 나누고 있었다. 이들을 차안에서 은밀히 지켜보든 남
자(데이비드 버코위츠)는 순간 흥분했다. 곧 발기한 성기를 만지기 시작했
다. 이 커플의 찐한 키스가 끝나자 그들은 차로 돌아왔다. 남자는 차에서
내려 곧 바로 총을 꺼내 그녀의 머리를 겨눈 채 방아쇠를 당겼다. 한 발
은 그녀의 머리에, 한 발은 그녀의 목을 관통했다. 그 순간 남자는 그녀가
총에 맞았다는 사실조차 몰랐다. 어떠한 말과 신음도 들을 수 없었기에.
곧 바로 남자는 차로 돌아와 그곳을 벗어났다(Abrahamsen, 1985).

핏기 어린
잔인함에 대하여

2000년 12월 19일 전북 고창. 해가 넘어가는 저녁에 귀가하던 중고 생 남매가 실종되었다. 남매는 사라진 뒤 반나절이 지난 오후 9시 20분 경 피해자의 집에서 300m 떨어진 곳에서 발견되었다.

중학교 1학년인 남동생은 목이 졸려 숨진 채 논두렁에서, 누나 박은 미 양은 남동생과 5m 떨어진 곳에서 치마가 가슴 위쪽까지 걷어 올려 져 얼굴이 덮인 상태였다. 두 손은 노끈과 스타킹으로 나무에 결박되 어 있었다. 입 안에는 장갑이 물린 채 목, 다리, 가슴, 음부 등에는 여러 부위를 칼로 찌르거나 베어낸 상처가 있었다. 오른쪽 허벅지살은 도 려내진 후 사라진 상태였다.

김해선이 보인 잔인함은 다분히 충동적인 방식으로 나타난다. 김해 선은 공격의 유형 중에서 '반응적 공격'유형으로 볼 수 있다.

통상 반응적인 살인은 사전숙고 없이 즉흥적으로 발생하는 살인을 말하며 도구적인 살인은 특정 이득, 사람 자체이든, 신체적·정신적 지배이든, 금전적 보상이든, 어떤 목적으로 사전에 계획하고 완전 범죄를 꿈꾼다. 따라서 반응적 살인은 다소 환경적인 자극 내지는 주변의 도발에 반응하거나 감정적 논쟁과 갈등이라는 환경에서 자주 나타난다.

높은 수준의 사이코패스 성향이 있는 연쇄 살인범의 경우 살인을 저지르지 않은 일반 사이코패스에 비해 상대적으로 정서성과 대인관계와 관련된 문제들에서 높은 특성을 보였다.

정서적으로 냉담하며 무심하고 무정하며 죄책감이 결여되어 있고 병적인 거짓말을 하는 것이 대표적이다.* 이들은 도구적 폭력성을 보이며 아무런 죄책감을 보이지 않는 아주 잔인한 범죄자이다. 대조적으로 사이코패스 성향이 낮은 살인범의 경우 반사회성-충동성과 관련된 충동성, 무책임성, 기생적 생활방식, 자극 욕구, 행동 통제력 부족과 관련된 특성을 보였다.

국내 연쇄살인범 중 유영철, 강호순, 정남규는 사이코패스 특징 중 '정서성과-대인관계'에서 치명적 결함을 보였다. 특히 기질적으로 타고난 냉담함과 무정함은 역설적이게도 범행과정에서 극도의 침착함을 가져다주었고 완전범죄를 달성하는 데 일조했다.

상대적으로 3명의 미성년자를 성폭행한 후, 살해하고 무덤과 야산에 전시하듯 유기한 김해선은 '반사회성-생활양식'에 결정적인 장애를 보였다. 특히, 충동성이 강하면서도 행동 통제력이 떨어졌다. 그는 술에 취해 범행대상을 찾았고 귀가하던 중고생을 연쇄적으로 살해해 반응적 혹은 표현적이라 볼 수 있다.

브리티시컬럼비아대학교 심리학과 우드워스와 포트가 125명의 남성 살인범을 대상으로 아주 재미있는 연구를 진행했다.● 모든 살인범은 캐나다 연방 교도소에 수감 중인 수용자들이었다. 모두 로버트 헤어의 PCL-R 평가를 받았고 연구자들은 살인범이 도구적인지 혹은 반응적인지 평가했다.

이 연구에서 도구적인 것은 "사전에 계획했고 감정적 흥분이 없는 상태에서 외적 성과보수 약물, 성적 쾌락, 금전적 이득을 추구하는 것"으로 정의했다. 그리고 반응적인 것은 "비계획적이고 즉각적으로 도발 혹은 자극으로 발생하여 위협, 감정적 도발, 결국 폭력적인 공격을 행사하는 것"으로 정의했다.

그 결과 사이코패스 살인범이 사이코패스가 아닌 일반적인 살인범에 비해 두 배 이상 도구적 범행을 한 것으로 나타났다. 거의 모든 사이코패스 살인범이 도구적인 방식으로 살인을 저질렀지만, 비 사이코패스 살인범은 10명 중의 5명 정도였을 뿐이다.

초기의 사이코패스 연구와는 달리 이번 연구를 통해서 발견한 점은 높은 수준의 사이코패스 살인범은 반응적인 살인을 거의 보이지 않았다는 것이다.

사이코패스는 충동성이 있다는 초기 연구와는 다소 다른 측면인데 사이코패스가 충동적 공격성을 보일 때 자신의 행동으로 인한 파급효과가 생각보다 미비하거나 낮으면 굳이 이를 억제하려 하지 않았다. 폭발적으로 분출하며 만약 그 대가가 매우 중대한 경우, 일례로 무기징역이나 사형, 장기형으로 이어질 수 있다고 판단되면 공격적 충동을 억제하거나 억제가 힘들다면 사전에 치밀하게 계획한 방식으로 범행으로 옮긴다는 점이 새로웠다.

대표적으로 도구적 살인을 보였던 유영철은 범행 과정에서 사전에 치밀하게 계획하고 증거를 남기지 않기 위해 세무장갑이나 목장갑을 준비했다. 잭나이프가 살해용으로 맞지 않자 따로 해머를 제작했다. 그 과정에서 예견치 못한 일이 벌어지자 또다시 범행 수법을 진화시킨다. 이를테면 발자취를 지우거나 방화하는 등의 세심한 노력을 보인다.

사이코패스 정남규는 새벽에 다루기 쉬운 여성을 대상으로 하다 이후 침입하여 범행했다. 범행현장을 은폐하기 위해 방화를 하거나 강간하려다 강간 전과가 노출될 것에 대해 다른 방식으로 성적 욕구를 취한다.• 강호순은 성폭행 시도 중에 피해자가 반항하면서 손톱에 자신의 DNA가 남을 수 있다는 생각에 손톱을 전부 가위로 잘라내기도 했다.•

앞서도 언급했지만, 사이코패스 연쇄 살인범의 기저에 깔린 핵심 요인은 다름 아닌 '정서성' 면에서 기인한다. 후회감이나 죄책감 즉, 양심이 모자라거나 얕은 감정, 공감 능력 결여, 조종함이 이런 심각한 범행에 중요한 동기 메커니즘으로 작용한다고 볼 수 있다.•

하지만 가정폭력 배우자와 데이트 폭력 등 연인 간의 살인은 다소간의 충동성과 반응성을 띠는 경향이 강하기 때문에 사이코패스 수준은 상대적으로 낮다. 배우자와 연인 살인의 경우 금전적인 이득을 추구하는 것보다 상대방에 대한 복수, 화, 경쟁심, 시기와 질투와 관련된 갈등 관계가 동기화되어 나타나는 것이어서 반응성에 더 가깝다고 볼 수 있다. 대표적으로 화성 연쇄살인범인 이춘재에게서 찾아볼 수 있다.

사이코패스 이춘재는 도구성과 반응성을 모두 가지고 있다. 그는 일종의 완벽한 듯 완벽하지 않은 치명적으로 '불완전한' 사이코패스이다. 도구적 목적에서 성적 쾌락과 유희를 즐기기 위하여 매우 침착하면서도 사전숙고 된 계획범죄 성향을 드러낸다.

본인이 자백한 화성에서 발생한 9건의 연쇄살인은 성적 쾌락뿐 아니라 가학성 특징을 함께 드러낼 뿐 아니라 무소불위의 신적 관점에서 한 생명을 좌지우지할 수 있는 전지전능함(sense of invulnerability)●을 느끼고자 했다.

하지만 배우자나 가족폭력은 반응적 공격을 다분히 보였다. 배우자에게 폭력을 보이는 형태도 반응적이며 특히, 무기징역을 받았던 처제 살인 사건은 부인에 대한 화와 복수가 동반된 억제할 수 없는 반응적 폭력이었다.

반응적 폭력은 도구적 형태와는 달리 검거될 수 있는 다양한 흔적을 사건현장에 남길 가능성이 크다. 상당히 충동성이 짙은 형태이다. 이런 측면에서 이춘재를 다시 한 번 더 '결함 있는' 사이코패스라 이야기할 수 있다.

극단적 잔혹함, 성적 살인

1990년 11월 15일. 안타깝게도 13살 김 양은 지하도 앞에서 친구

화성 연쇄성적 살인 현장사진[4]

와 헤어진 후 사라졌다. 다음 날 아침 야산 소나무 아래서 김 양은 숨진 채 발견됐다. 신고 있던 스타킹으로 매듭지어 결박되어 있었다.

 김양이 숨진 뒤 이춘재는 아이의 가슴에 칼로 20번 이상을 난도질했다. 숨지기 전에 그는 아이가 가지고 있던 물품을 이용해 잔혹하게 음부를 폭행하여 극심한 고통을 가했다. 현장에서 벗어나기 전 아이의 자세를 이상하게 연출하기도 했다.

 이춘재의 성적살인 방식을 보면 사이코패스 성범죄자의 경우 강간을 하는 과정이 다분히 기회주의적이고 흥분과 전율을 추구하는 경향성이 높다. 실제 많은 연구에서 이를 뒷받침하는 데, 성범죄 과정에서 높은 수준의 흥분 추구를 위해 의식적으로 다양한 가학적인 행위를 동반한다. 특이한 점은 특정 피해자, 아동이나 미성년자만을 노리는 것이 아니라 모든 연령대를 대상으로 한다는 점이다.⁕ 이춘재의 초등학생과 고등학생, 성인 모두 불문하고 피해 대상자로 삼았다. 유영철과 정남규도 연령대와

4 출처 〈1184회 그것이 알고 싶다 "악마의 시그니처" 중 일부 화면 사진〉

성별을 특별히 가리지 않았다.

특정 연령대만을 선호하는 아기 성애(엔펀트필리아), 소아 성애(페도필리아), 초기청소년 성애(헤베필리와), 후기 청소년 성애(에페보필리아)와는 달리 아이와 성인 모두를 피해자로 선택한 범죄자가 더 높은 수준의 사이코패스 성향을 보였다.

사이코패스 성향이 높은 강간범일수록 피해자의 연령대에 상관없이 피해자를 선택하기 때문에 재범률이 높고 보호처분 기간에도 이를 개의치 않고 충분히 발생할 수 있다. 뿐만 아니라 타인의 고통에 대한 민감성이 떨어지고, 애착 형성이 어려워 대인관계에서 쉽게 지루해하며 언제든 기회가 생긴다면 다양한 부류의 여성을 대상으로 피해자를 선택할 가능성이 높다.•

여기서 중요한 것 중, 하나가 사이코패스는 '타자화'를 잘 할 수 있다는 점이다. 말 그대로 다른 사람의 인격을 자신에 의해 일종의 대상화하고 물질화한다는 것이다. 쉽게 자신의 입맛대로 인간을 사물화시켜 거리낌 없이 가해행동을 서슴없이 할 수 있다.

사이코패스와 사디즘

가학성은 다른 사람이 신체적 감정적 고통을 당하는 것에서 즐거움을 느끼는 일탈성과 관련된 중독적 행동 혹은 지각된 인식이다. 모코스와 스킬링에 따르면, 쾌락과 성적 자극을 얻기 위해 지배, 훼손, 고통을 가함으로써 타인을 통제하는 바람으로 특징지을 수 있는 반복되는 행동과 판타지의 실행 정도로 정의한다.•

어원은 19세기 프랑스 실존 인물이자 당대에는 이색적인 소설가였던 마르퀴스 드 사드 후작(Marquis de Sade)에게서 기원했다. 사드의 작품은 유달리도 도착성욕을 묘사한 것이 많은데, 가학성은 성적 대상에게 고통을 줌으로써 성적인 쾌감을 얻는 이상 성행위 또는 학대 혹은 피학대 음란증이라 했다.

그는 인간의 성본능을 절묘하게 파헤치며 인간이 갖는 악의 근원까지 추구하고자 했다. 대표적으로 1904년에 쓴 성도착의 총목이라고 일컫는《소돔: 120일(Les 120 Journees de Sodome)》이 있다.

놀랍게도 이 책에서 현대 연쇄살인범이 보이는 다양한 특성 이를테면 알몸으로 강간, 변태적 성행위, 폭력, 가학적 고문, 최음, 근친상간 등이 등장한다. 흥미로운 점은 정작 사드는 27년간의 수감생활과 10년간 정신병원 감금 등으로 어쩔 수 없이 절필해야 했다.

말년을 가장 비참하게 보내며 생을 마감한 작가였음에도 가족을 생각하는 따뜻한 마음을 지닌 사람이었다. 필자는 개인적으로 그의 관찰력과 가학적 행위에 관한 구체적 묘사에 놀랄 수밖에 없다. 어찌 보면 사드가 궁극적으로 묘사하고자 했던 특성은 다름 아닌 사이코패스였을지 모른다.

몇몇 연구에서도 가학성이 폭력적인 사이코패스에게서 자주 나타난다고 했다. 특히 사이코패스 진단 도구인 PCL-R의 '대인관계-반사회성' 문제와 높은 관련성이 있었다.* 다른 연구에서는 PCL-R의 '정서성' 문제가 가학적 행동을 예측하는 중요한 변인이라 한다.* 어쨌든 간에 일반 살인범에 비해 사이코패스의 가학성은 도구적인 방식으로 피해자에게 거칠게 투사되며 이를 의도적으로 즐긴다는 점이다.*

① 난 끝을 보았다. 눈물을 보았고, 슬픔을 보았고, 이별을 보았고, 운명을 보았다. 그들의 마지막을 보았다.

② 피가 뿜어져 나오고 흐르는 그 광영에 희열이 매우 느껴진다. 목을 조를 때, 숨넘어갈 때의 파닥거리는 그 느낌이다.

③ 살해한 뒤 죽은 사람을 보면 말로 표현할 수 없는 환희를 느꼈다. 타오르는 불을 보면 황홀했다. 다른 것에 관심이 없고 마치 담배를 피우고 싶은 것처럼 사람을 죽이고 싶은 충동만 강하게 느낀다.

① 은 유영철의 편지에서 발췌한 것이고, ② 는 정남규가 면담 중에, ③ 은 강호순이 검찰 심문 중에 한말이다. 다양한 성적 살인 연구에서 이들 모두 죽음과 직접적인 관련성이 없는 '불필요한' 폭력 행동 이를테면 고문, 때림, 고통 가함, 사체 훼손, 다양한 범행 도구 사용과 같은 과도한 폭력성을 띄고 있다.

이 과정에서 특히 피해자에 대한 성적 고문을 통해 극한의 쾌락에 몰입하고 성적 유희를 경험하고자 '가학적 성학대 혹은 폭력성'에 빠져든다. 특히 사이코패스 연쇄 살인범의 경우 피해자를 죽인 이후에도 나타나는 사후 폭력성과 여성 피해자에 대한 가학적 성폭력성이 동시에 나타나 잔혹함이 증폭되었다.

전라북도 고창 연쇄살인범 김해선이 보인 방식이 다분히 전형적이다. 피해자가 생존해 있는 상태에서 커터 칼로 몸 이곳저곳을 찌른다든지 심장을 찔러 살해하고 허벅지인 넓적다리 부위 살점을 도려내어 가져갔다.

혹은 다른 듯 보이지만 유영철이 피해자를 대상으로 유방 혹은 유두와 음부를 절개하거나 이춘재가 생존해 있는 피해자의 음부 내 이물질 예를 들어 우산 손잡이, 복숭아 조각 등을 넣어 참을 수 없는 고통을 가하는 형식은 다 그런 맥락이다.

달리 말하자면 사이코패스는 피해자가 고통을 느끼는 과정을 찬찬히 지켜봄으로써 저하된 각성을 극단적으로 끌어올려 전율적인 짜릿함과 카타르시스를 경험하려 한다.

이건 다소 덜 폭력적인 방식이라 할 수 있는데, 사람에게 타인이 경험한 끔찍한 이야기나 불행했던 사진을 보여주거나 들려주고 표정을 살펴본 결과 이들 중 일부는 더 많이 웃거나 소리 내어 즐거워하는 모습을 확인할 수 있었다.• 소위 이것을 타인의 고통을 오히려 즐겁게 여기는 '은밀한 감정', 독일어로 샤덴프로이데(schadenfredue)라고 한다.

두 번째로 이들이 즐기는 유머와 농담을 살펴보았는데 사이코패스 경향이 높을수록 타인을 더 직접 비웃거나 조롱함으로써 위해를 가했다. 이런 행위를 통해 타인이 고통스러워하는 것을 지켜보며 조종하거나 통제함으로써 지배성을 유지하려 했다.• 이를 비웃음, 조롱을 즐기는, 카타젤라스티시즘(katagelasticsim)이라고 한다.

이춘재는 흥미롭게도 순전히 죽이는 목적 이외의 '실험적' 행동에도 과감하게 몰입했다. 은폐하고, 덮치고, 강제하고, 결박하고, 벗기고, 매듭짓고, 고문하고, 성폭행하고, 죽이고, 사체를 훼손하는 일련의 순차적이면서도 고도의 '의식적' 과정을 보였다.

그는 10대 20대 여성 피해자의 스타킹, 속옷, 블라우스 등을 이용한다. 피해자가 가진 물건 이를테면 복숭아 조각을 음부에 넣거나 우산 손잡이로 음부를 가학적으로 고통을 가하며 천천히 훼손한다. 단, 피해자는 살아있고 극심한 고통을 느껴야 한다. 피해자의 고통을 세심하게 아주 많이 느끼며 유심히 지켜본다.

처절한 신음, 몸부림, 떨림, 흐느낌, 두려움을 자신의 몸에 흡수하듯 각인시킨다. 그리고 그 각인은 높은 수준의 각성을 촉발하고 정점에서는 쾌락으로 이어진다. 이런 방식이 그들로서는 극도의 각성과 쾌감을 가져다주기 때문에 대부분의 성적 살인을 보인 사이코패스에게서 비슷한 듯 공통으로 나타난다.

자신을 향한 폭력성, 사이코패스도 자살할까?

1976년 허비 클랙클리는 그의 책에서 사이코패스 성향이 있는 사람이라면 좀처럼 '자살'을 하지 않을 것이라 주장했다. 하지만 '자기를 향한 폭력성(self-directed violence)'은 이들에게도 발생하는데 이는 더욱더 도구적이거나 비치명적 혹은 비의도적 방식으로 나타났다.

이를테면 우울증을 앓는 사람이 자신을 향해 갖는 폭력성과는 다르게 나타난다. 필자가 2017년 대단위로 교도소에 수감 중인 남성 수형자를 대상으로 사이코패스 점수와 자살 이력 간의 관계를 조사한 결과 아주 작지만 그래도 유의미한 관련성이 있는 것을 발견할 수 있었다.*

이런 측면은 반사회성 성격장애에서도 비슷하게 나타나는데 특히 PCL-R의 반사회성 및 충동성과 관련된 증상인 행동 통제력 부족, 다양한 범죄력, 조건부 석방, 유예의 취소 등과 같은 충동성이 자기 파괴적 행동에 영향을 주는 것으로 보였다.

이후, 비슷한 연구에서 사이코패스와 자살 위험성 관련성 연구를 진행했는데, 더글러스에 따르면 PCL-R의 정서성-대인관계 증상과 '의도적' 자살 행동 간에는 반대의 관련성을 보였다.*

흥미롭게도 이런 결과가 의미하는 바는 높은 수준의 사이코패스, 연쇄살인범이 보이는 자해시도나 자살제스처 방식의 '자기를 향한 폭력성'은 죽고자 하는 의도나 동기가 없다는 것이다. 단순히 위협적인 자해시도를 통해 타인을 교묘히 조종하는데 최종적인 목적을 두고 있을 따름이다.

오래전 1940년 클렉클리 뿐 아니라 2017년 필자의 교도소 연구에서 수형자의 자살시도자와 자살완결자간의 패턴을 분석하면서 높은 수준의 사이코패스일수록 직접적인 자살 의도가 전혀 없음을 확인할 수 있었다. 오히려 임상가나 교도관을 조종하거나 특정 이득을 취하기 위한 방식으로 나타났다.

대표적으로 강호순은 교도소에서 자해, 제스처 등의 방식으로 교도관을 위협하고 자신이 원하는 것을 얻고자 이를 도구적으로 이용하고 있다. 예를 들어 외부병원이나 처우가 좋은 독방으로 이송 받거나 좀 더 낳은 대우나 관심을 받기 위해 반복적으로 자해를 시도하는 경우를 자주 볼 수 있었다. 이들의 자해 행동은 반복해서 머리를 박는다든지, 손목을 자른다든지, 목을 맨다든지, 날카로운 물건으로 자해를 하는 등의 과시적이면서도 비치명적인 방식으로 나타난다.

하지만 2007년 4월 사형이 확정된 정남규는 2년 후인 2009년 11월 21일 교도소 독방에서 목을 매 자살했다. 이는 일반인이 보이는 자살과는 다소 다른 의미를 지닌다. 사이코패스가 느끼는 '공허함' 그 자체가 기저에 깔려있다. 자신의 통제 욕구와 판타지를 채울 수 없는 박탈된 저 각성 상태는 '공허함' 그 자체를 불러일으킨다. 일종의 불안정한 자기개념은 다른 용어로 잘 변하는, 불완전한, 혼란 등으로 나타날 수 있다.

그들은 욕구수단이 박탈될 때 허무함과 공허함을 가장 처절하게 느낀다. 교도소에서 기약 없는 시간을 보내면서 이런 피할 수 없는 감정을 느끼는 것이다. 눈을 뜨자 매일 느껴지는 지루함과 권태로움은 참을 수 없는 상태까지 다다른다.

그가 법정에서 "담배는 끊어도 살인은 못 끊겠다."라고 한 말에서 유추할 수 있다. 하루하루 엄습해 오는 이 공허함은 죽어서야 벗어날 수 있는, 자신에게는 죽음과 같은 의미이다. 따라서 자살이라는 마지막 선택은 오롯이 자신만을 위한 이기적 행동이다. 하지만 과시적이고 타인으로부터 주목을 받는 성향, 혹은 누군가를 위하거나 복수를 위한 일종의 도구적 자살은 아니다. 다만, 채워지지 않는 상태에서 벗어나기 위한 대안으로 생각했을 뿐이다.

그렇다고 해서 이들이 공포를 전혀 못 느끼는 것은 아니다. 인간이 가진 가장 기저에 흐르는 원초적 본능은 일종의 생존에 대한 욕구이다. 사이코패스라 해서 공포감이 전혀 없다고 말할 수 없다. 다만 모든 결핍과 증상은 상대적인 수준에서 말할 뿐이다.

심연 속의 어둠
그리고 절대악

연쇄살인범은 모두 사이코패스이다

우리가 가진 오해 중의 하나가 바로 모든 연쇄살인범은 예외 없이 사이코패스라는 것이다. '연쇄살인범이 모두 사이코패스이다'라는 명확한 연구 결과는 아직 없다. 뒤집어서 '연쇄살인범이 사이코패스가 아니다'라는 연구 결과도 아직 없다.

가장 최근인 2015년 에릭 힉스의 연구 따르면 연쇄살인범의 90% 가량이 PCL-R 30점 이상으로 분류될 수 있다고 한다.● 연구자들이 연쇄살인범을 지나치게 사이코패스와 연결 지으려는 시도는 아마도 사이코패스가 가진 잔인한 피해자화와 뚜렷한 동기가 없는 가학성과 연관되어 있을 것이다.

FBI 행동과학부가 1972년 창설되었고 이후 확대 개편되면서 1985년 5개의 섹션으로 이루어지게 되었다. 특히 3번째와 4번째 부서인 아동과 성인을 대상으로 하는 범죄연구실에서 사이코패스에 관한 연구를 주도하고 있다.

은퇴한 FBI 요원이었던 더글러스에 따르면 기본적으로 연쇄살인은 도구적 목적성을 띠고 성적 요소가 함께 동반된다고 한다.* 전직 FBI 요인이자 현재는 프리랜서로 활동 중인 심리학자 오툴(O'Tool) 박사는 기본적으로 대다수 연쇄살인범이 사이코패스 기질을 공유하고 있다고 주장했다.*

하지만 힉스 교수와 오툴 박사의 주장에서 주의해야 할 점은 사이코패스와 반사회성 성격장애와의 구분이다. 사이코패스를 일종의 반사회성 성격장애와 혼용해서 같은 것으로 본다면 대다수 연쇄살인범은 사이코패스가 될 수밖에 없다.

국내에서 제기되는 많은 연쇄 범죄자는 사이코패스 특징을 가지고 있다. 그렇다고 해서 그들 모두를 사이코패스라고 말할 수는 없다. 반사회성 성격장애가 있을 가능성이 더 크다. 특히 여성 연쇄 범죄자의 경우 정서성과 대인관계에서 사이코패스 특징이 많이 보이지만 반사회성 행동과 범죄적 행동에서는 남성보다 현저히 낮아 사이코패스의 비율이 현저히 떨어진다.

따라서 여성 사이코패스는 너무나도 희귀하다. 외국 연쇄살인범의 경우 일반적으로 에드워드 게인, 존 웨인 게이시, 테드 번디, 제프리 다머, 케리 리즈웨이 혹은 그린리버 킬러, 데니스 레이더 살인범을 사이코패스라 알고 있다. 확실히 사이코패스라고 알고 있는 연쇄살인범 제프리 다머[5]의 경우 전체 PCL-R 40점 만점 중 22점이었는데 사이코

패스와 관련된 일부 특징들이 보이기는 했지만, 사이코패스라고 진단할 수 있는 기준점을 넘지 못했다

연쇄살인범과 단독살인범을 대상으로 연구를 진행했는데, FBI 특수요원에 의해 평가된 PCL-R 점수를 보면 연쇄살인범은 전체 점수, '정서성과 대인관계' 증상 관련 점수가 평균 31점이었던 반면 단독살인범의 경우 상대적으로 낮은 점수인 25점을 보였다.

어린 피해자의 생명을 무참히 빼앗고 강간하고 고문하고 신체 일부를 떼어내고 죽인 후, 또다시 강간하는 시간증 등의 엽기적인 범행 과정은 사이코패스 심연에 깊이 흐르는 '공감력 결핍, 냉담함, 냉혹함, 무정함, 비열함, 후회감 없음, 죄책감 없음'과 특별히 연관 지을 수밖에 없다.

우리 같은 연구자들은 도저히 이해할 수 없는 이들의 행동에 대한 그럴싸한 설명을 붙이려고 노력하지만 여전히 만족스럽지 않다. 대표적으로 템플대학교 범죄학 교수인 맥코드 부부는 악의 심연에 깔린 핵심 특질인 '죄책감 결여'와 '타인에 대한 철저한 무관심, 무정함(lovelessness)'이라는 사이코패시 성향으로 애써 설명하려 했다.•

이 교수의 설명에도 만족스럽지 못한 점은 연구사적인 입장에서 사이코패스의 차가움과 냉정함으로 연쇄살인범의 행동, 잔인함과 도저히 이해할 수 없는 가학성을 모두 설명하기에 어딘가 빈약해 보인다는 점이다.

5 1978년부터 1991년까지 제프리 다머는 밀워키 또는 위스콘신주에서 10대를 포함하여 17명을 살해하고 시간, 사체를 절단하고 인육을 먹기도 했다. 종신형을 선고받고 복역 중에 화장실 청소 중 말다툼 끝에 머리를 쇠파이프로 맞아 사망했다.

스톤과 노리스의 사이코패스 연쇄살인범 연구

연쇄살인범에 관한 초기 연구이면서 가장 많이 인용되는 결과는 역시나 2001년 실시한 스톤의 연구이다.● 99명의 연쇄 성적 살인범을 대상으로 PCL-R 평가를 시행했다. 이들 중 사이코패스에 해당하는 살인범은 91%라는 결과를 내놓았다.

10년 후인 2011년 노리스 교수도 미국 역사상 가장 악명 높은 연쇄살인범을 대상으로 PCL-R 평가를 시행했다. 그중에 데드 번디, 리처드 라미레즈, 데니스 레이더, 엘리자베스 베소리, 제인 토판, 엘리언 워노스 등이 포함되어 있었다.●

노리스 교수는 언론에서 보도된 다양한 정보를 기반으로 PCL-R을 평가했다. 이 중 30점 이상인 경우만 사이코패스로 진단받을 수 있다. 놀랍게도 그 결과 데드 번디를 제외한 모든 사람이 사이코패스가 아닌 것으로 나타났다.

남성 연쇄살인범의 경우 평균이 24.3점 여성 연쇄살인범의 경우 19점에 지나지 않았다. 여성과 남성에서 반사회성 영역은 차이가 나지 않았지만, '정서성과 대인관계' 증상에서는 차이가 있었다. 결국, 이 연구는 우리가 마치 사이코패스라 알고 있던 자들이 그렇지 않을 수 있다는 중요한 시사점을 제시했다.

물론 연구 과정에 문제가 있을 수 있다. 스톤의 연구는 연구자 혼자 평가를 시행했고 연구자의 전문성에 대한 정보가 제시되어 있지 않았다. 그뿐만 아니라 각 사례에 대한 정보가 어떤 것에서 근거를 두고 있는 것인지 세부적으로 명확하게 제시하지 못했다.

노리스의 연구도 극히 일부 연쇄살인범에 관한 연구 결과이며 무엇보다도 동료연구자 평가가 없었고 출판되지 못한 결과였다. 더 큰 문제는 평가했던 책임 연구자가 이전에 PCL-R에 대한 적절한 전문가 교육을 받지 않았다는 점이다.

앞으로 연쇄살인과 사이코패스에 대한 과학적 방법론 적용이 필요하다. 연쇄살인과 사이코패스에 대한 오해를 불식시키려면 더 많은 연구가 필요하다. 많은 수의 연쇄살인범에 대한 집단 의견을 반영해야 한다. 각 사례에 대한 일대기 배경 정보와 그 출처를 명확하게 확인하고 PCL-R 증상에 대한 구체적인 정보와 함께 제시해야 한다. 최소한 2명 이상의 전문 평가자가 참여하며 각 항목에 대해서는 독립적인 평가가 이루어져야 한다.

특히, 사건 발생 이후 대대적인 언론 보도에 따른 후광효과가 반영되지 않도록 PCL-R 전문가 지침서와 매뉴얼에 근거해서 평가가 이루어지도록 중립적 자세를 취해야 한다. 두 평가자 간 차이가 날 때 합의 과정을 거쳐 그 차이를 최소화할 수 있는 논리적 근거를 찾고 관련 논의를 꼭 거쳐야 한다.

국내에서도 연구자가 연쇄살인범 연구를 진행할 때 편향된 인상과 기억의 파편에 의존하는 성향을 경계해야 한다. 특히 국과수와 검찰이나 경찰에서 사이코패스 평가를 하는 과정에서 잔인한 사건 자체에 초점을 두어 이에 평가를 고정하기 때문에 사이코패스가 아닌 사람을 사이코패스로 평가할 가능성이 커지게 된다.

우리가 흔히 아는 연쇄살인범들

일반적으로 우리가 사이코패스 수준이 높다고 여겨지는 대표적 연쇄살인범은 정두영, 김해선, 유영철, 정남규, 강호순, 이춘재 등을 꼽을 수 있다. 이들도 과연 사이코패스인가? 혹은 우리가 잘 못 알고 있는 것인가?

아래는 필자가 판결문과 수사백서 등을 참고로 다시 필자가 평가한 결과이다. TV 프로그램「그것이 알고 싶다」와 표창원의 저서《한국의 연쇄살인》을 평가에 반영했다.*

필자는 직접 PCL-R을 이용하여 사이코패스 진단을 한 결과 유영철, 정남규, 강호순, 이춘재의 사이코패스 수준은 최소 평균 이상인 사이코패스로 나타났다. 하지만 김해선과 정두영은 사이코패스 평균 수준 이하로 평가됐다. 상대적으로 사이코패스 수준이 떨어짐을 볼 수 있다. 이들 모두 사이코패스 여부를 결정짓는 것 역시 '정서성(affec-tive)'과 관련된 사이코패스 증상들이었다.

예를 들어 후회나 죄책감과 관련된 양심의 결핍, 불안정하고 얕은 감정, 공감 능력 부재, 책임의식이 없는 것 등이다. 전체적으로 보면 유영철은 정남규와 비슷한 패턴을 보이고 강호순은 이춘재와 비슷한 유형의 사이코패스라 할 수 있다.

위 제시된 표를 통해서 알 수 있는 부분이지만 충동성과 반사회성 특징보다는 대인관계나 정서성을 통해서 사이코패스의 수준이 크게 갈림을 볼 수 있었다. 김해선과 정두영은 대인관계와 정서성이 다른

이름	언론보도	총점	1요인	2요인	대인관계	정서성	생활양식충동성	반사회성	기타
김해선	?	26	8	16	2	6	7	9	2
유영철	38	35	16	16	8	8	8	8	3
정남규	29	29.5	13.5	14	5.5	8	9	5	2
강호순	27	31	15	12	7	8	6~7	6	4
이춘재	?	30	14	14	6	8	8	6	2
정두영	?	20-22	7	14-15	2	5	7	7-8	0

참고: 기타(4점) : 문란한 성생활, 여러 번의 단기 혼인관계

연쇄살인범보다 떨어져 보이지만 그 외 연쇄살인범은 높은 수준의 정서성 문제가 두드러져 보인다. 정두영은 '대인관계-정서성' 측면에서는 제일 낮은 수준을 보였고 오히려 반사회성 성격장애에 가깝지 않겠냐는 생각을 한다.

최근 필자의 연구 결과를 보더라도 사이코패스라고 판단할 수 있는 기준에서 가장 많은 정보 즉, 사이코패스 경향성을 판가름하는 중요한 지표가 다름 아닌 '정서적' 경험 결핍 관련된 증상이다.•

특히, 한국 문화에 상대적으로 더 높은 정보를 제공하고 있어 중간 수준 이상의 사이코패스를 정확하게 구분하는 데 유용한다. 하지만 임상가가 사이코패시 증상을 진단하는 과정에서 '반사회성 혹은 충동성' 항목에 지나치게 의존하는 성향은 경계해야 한다.

사례에서 유영철과 정남규는 전체적으로 비슷한 패턴을 보이기는

하나 대인관계에서 정남규가 낮은 수준의 문제를 보인다. 따라서 사이코패스 수준을 가늠할 수 있는 중요한 정보는 다름 아닌 정서성과 대인관계에서 발생하는 일상생활 문제를 주의 깊게 살펴보는 것이다.

구체적으로 입심이 좋다거나, 주변 사람들에게 피상적인 매력을 보인다거나, 과도한 자존감, 병적으로 거짓말하고, 남을 잘 속이고 조종하는 행동 등은 대인관계 패턴이다.

한국에서 사이코패스를 판단하는 평가에서 정서성과 관련된 죄책감 결여, 얕은 감정, 공감 능력의 결핍 등은 핵심 특질인 것이다. 카프먼의 사이코패스 유형에 따르면 유영철, 강호순, 이춘재는 일차(primary) 사이코패스로 볼 수 있고 김해선, 정두영은 이차(secondary) 사이코패스로 분류할 수 있다.

사이코패스 수준이 높은 외국의 연쇄살인범과 비교해 볼 때 유영철은 테드 번디(Ted Bundy)와 비슷하다. 젊은 여성을 납치, 강간, 고문, 살해한 방식은 서로에게 맞닿아 있다.

이름	총점	1요인	2요인	대인관계	정서성	생활양식	반사회성	기타
번디	34	16	15.5	8	8	8	7.5	2.5
게이시	27	16	9	8	8	3	6	2
켐퍼	26	13	11	5	8	4	7	2
다머	23	9	12	3	6	8	4	2
리즈웨이	19	11	4.5	4	7	2	2	4

출처: Hickey 등, 2018

시애틀 야간 법대 출신이었던 테드 번디는 1973년부터 1978년까지 워싱턴 시애틀, 유타 솔트레이크시티 등 5개 주에서 30명의 여성을 강간하고 살해했다.[6]

잘 생긴 외모와 피상적 매력으로 피해자를 현혹해 동정심을 자극하고 과도한 자존감과 거짓으로 여자들의 환심을 사는데 타고났다. 여성에 대한 편력이 유난히도 심했던 그는 유인한 여자를 자신의 실험 장소로 데려와 무참히 때려죽이고 피해자의 살점을 도려내어 인육을 먹기도 했다. 이후 조각이 난 사체를 주변 야산에 암매장했다.

범행 과정에서의 냉담한 정서성과 공감의 결핍, 그럴싸한 말과 가식적으로 허세를 부리는 입심으로 여자들을 유혹하고 냉혹하리만큼 차가운 잔혹성은 상당 부분 유영철과 닮았다.

정두영은 앞서 언급한 밀워키의 식인귀(Milwaukee Cannibal) 제프리 다머와 면면이 닮았다. 1960년생인 제프리 다머는 대인관계에서 과도한 자존감이나 피상적인 매력은 전혀 보이지 않았다.

분석화학자였던 무심한 아버지와 약물 중독자였던 어머니의 방임 속에 홀로 성장했다. 신경증이 심한 모친으로 인해 불안정한 애착을 갖고 정서가 불안정한 채 성장했다. 마치 투명인간처럼 타인과 정서적 고리가 끊겨 있었다. 얕은 감정을 보여 공감 능력이 부족했다. 기괴한 행동으로 혼자였던 그는 고등학교 재학 때부터 알코올 중독이 심해 교실에서도 술을 마셨다. 게이였던 그는 오하이오 주립 대학교에 입학한 이후 한 학기 만에 퇴학당하고 알코올 중독자로 전락했다.

---

6 국내에서는 영화 [나는 악마를 사랑했다, Extremely Wicked, Shockingly Evil and Vile]로도 잘 알려져 있음

19세가 되든 해 어떤 남성을 유인해 살해한 것을 시작으로 게이바에서 남자를 꾸준히 모색해서 살해한 후, 사체를 먹었다. 체포 전까지 17명의 사람을 무참히 죽였다.

비슷한 시기에 정두영도 학창시절엔 왜소한 체격에 또래와 잘 어울리지 못했고 따돌림 당하기 일쑤였다. 아버지는 그가 태어나기 전에 죽었다. 어머니가 그를 돌보지 않아 결국 보육원에 맡겨져 성장했으며 18살에 처음으로 교사를 칼로 찔러 살해했다.

출소 이후 1999년부터 10개월간 9명을 죽였다. "내 안에 악마가 있다"라고 표현할 정도로 타인에 대한 적대성과 공격성을 반응적으로 보였다.

그의 행동은 반사회성을 보였지만 '대인관계와 정서성'에서는 높은 점수를 보이지 않았다. 정두영과 제프리 다머는 사이코패스의 전형적인 유형을 닮지는 않았고 오히려 반사회적 성격장애로 점철된다.

"잘 모르겠습니다. 저도 모르게 그만⋯. 제 안에 악마가 있어요. 그 악마가 한 짓이에요."

체포 후 정두영이 한 말이다.

타인의 생명은 아무런 의미가 없다

이 살인범에 관해 한 발 더 나가보자. 연쇄살인범에게 보편적으로 나타나는 정서성 결핍은 초기 혹은 아동기의 불행한 경험과 연결 지을 수 있다.

초기 가족 구성원 간의 소속감과 이후 발달 되는 사회와 타인 간 연결고리 의식 결핍은 친부모나 양육자에 의해서 박탈된 것일 수 있다. 사이코패스 증상 발현에 아주 중요한 촉발 요인이다.

이들은 자라면서 이른바 남을 물질화시키(생명이 없는 어떤 것)는 타자성, 다름, 사회적 이탈 현상으로 나타난다. 대표적인 인물이 데드 번디, 정남규, 유영철에게 볼 수 있다. 나아가 어릴 때 타인과 달랐음을 느꼈다는 그들의 공통된 진술, 정상적인 사회관계에 대한 암묵적 규칙 준수는 자신들에게 아무런 의미가 없었다는 진술을 보면 우리는 이점을 떠올릴 수 있다.

연쇄살인범은 타인과 자연스럽게 정서적 교감을 기반으로 한 사회적 유대관계보다 홀로 고립되어 타인의 목숨을 빼앗고, 고통 주는 일에 적극적인 흥미와 관심을 갖는다.

데드 번디는 친구와 정상적인 사회 활동 없이 청소년기부터 반사회적 유형의 자극을 추구하거나 스토킹을 하거나 폭력적인 포르노물에 심취하여 생활했다. 제프리 다머는 사회에서 고립되고 어렸을 때부터 자기 자신에 심취하여 행동했다. 가족과 보내는 시간을 피하고 웃음기 없이 많은 시간 동물 사체를 모으거나 이를 대상으로 실험하며 시간을 보냈다.

결국, 그는 성적 환상에 빠졌고 피해자와 다른 방식으로 교류할 수 있는 일탈적 기술을 개발했다. 이러한 생활 특성은 한국의 강호순과 이춘재를 제외한 모든 연쇄살인범에게서 공통으로 나타난다.

대부분 어린 시절 어머니를 구타하는 아버지를 보며 성장했다. 김해선은 부친으로부터 상습적인 가정폭력과 학대에 노출되었고 모친의 학대를 지켜보며 살았다. 이런 경험은 이웃집 소를 낫으로 찍어 죽이거나 강아지나 고양이를 대신 괴롭히게 하는 촉진 역할을 했다. 따라서 더욱 무섭고 이상한 그의 주변엔 어느 친구도 머물 수 없었다.

유영철도 불우한 가정에서 성장한다. 잦은 가정폭력으로 결국 부모는 7세 때 이혼했다. 중학교 때는 아버지와 형이 죽고 정서적으로 철저히 방임된 채 성장했다. 정남규도 어린 시절 아버지로부터 끊임없이 폭행에 시달렸고 동네 아저씨로부터 성추행과 강간을 당했다. 왕따 당하기가 일쑤였고 학교폭력을 경험했다. 이후 자취방 아저씨로부터 강간을 당하고 만다.

따라서 연쇄살인범의 중요한 메커니즘은 공감력 부족, 죄책감과 양심의 결핍, 철저한 합리화가 연쇄살인에 부분적으로 기여하는 듯하다. 18세 미만의 초기 사회적 소속감, 유대감과 애착 결핍이 연쇄살인범에게 연대기적으로 영향을 미칠 뿐 아니라 기질적으로 타고난 냉담한-무정함이 사이코패스 발현에 영향을 미친다.

어떤 유의 연쇄살인범은 대인관계에서 타인과 적절한 교류를 하며 결혼을 하고, 아이를 낳고, 직장을 다니고, 자식을 키운다. 일상에서 잔혹한 범죄를 보이며 은폐할 수 있고, 충동적인 방식으로 타인에게 부주의하고, 무책임한 행동을 거리낌 없이 보일 수 있다. 중요한 것은 둘 다 삶의 전반에 냉담함과 무정함이 뿌리 깊게 나타난다는 점이다.

이들에게 피해자는 가족, 친구, 연인 등 그 대상을 가리지 않았다.

이들은 범행 후, 태연하고, 걱정하지 않고, 두려움이 없었다. 주변에서 함께 해온 가까운 사람들조차도 잔혹하게 죽인다. 그 죽음의 순간을 말할 때는 아무런 감정의 요동도 느끼지 않는다.

잔혹한 장면을 구체적으로 이야기할 때는 무미건조함과 상투적인 말투에 살기 깃든 차가움이 느껴진다. 유영철이 모 언론사 여성 기자에게 쓴 편지를 보면 피해자 가족들이 느꼈을 법한 아픔과 상처에 대해 헤아리지 못하는 듯 보였다. 다만, 그들을 '편하게 보내줬다'라고 말할 만큼 냉담하다.

특히, 정남규는 자신의 범행 사실을 거리낌 없이 늘어놓았다. 두려움을 전혀 느끼지 않으며 마치 자신의 치적인 양 자랑했다. 재판과정에서 추가 건은 형량이 올라갈 수밖에 없다. 이러한 모습에서 자신을 하루빨리 사형시켜 달라는 불안감 결핍을 확인할 수 있었다. "사람을 죽이는데 무슨 이유가 있나?"라고 진술한 강호순은 범행을 자백하고 사건을 이야기할 때마다 피식 웃으며 태연하다. 현장 검증을 할 때도 떨기는커녕 오히려 침착하고 담담하다.

> 사람을 계속 죽여 나가면서 다른 사람의 목숨을 내가 좌지우지할 수 있다는 생각에 일종의 쾌감이 들기도 했다. _유영철
>
> 죽이고 싶어서 죽였고, 매순간 드는 살인 충동을 참을 수 없었다. 성폭행 목적도 아니었고, 돈이 필요한 것도 아니다. 딱히 뭐라 할 수 없지만, 자신을 제어하지 못한 것 같다. _강호순

이들 모두는 후회나 죄책감을 느끼지 못했다. 설령 그렇다 하더라도 그들은 그런 척 흉내만 낼 뿐. 유영철은 "범행 후, 앞이 꽉 막힌 느낌이 들고 가슴이 답답해서 엄마에게 전화하거나 바닷가 바람을 쐬고 오곤 했다. 처음 사람을 죽이고 괴롭다는 느낌이 든 것이 아니었다. 외로운 생각이 들어 엄마나 동생과 통화하며 마음을 달래거나 여행을 다녔다. 사람을 죽이면서 사람의 목숨을 내가 좌지우지할 수 있다는 생각에 일종의 쾌감이 들기도 했다"라고 진술했다. 그러면서 "반성, 그런 건 미래가 있는 사람들의 얘기가 아닌가요? 반성과 사죄를 다르게 생각하는 저를 누가 이해하겠어요."라고 반문했다.

정남규는 현장 검증을 위해 이동하는 연행 차량에서 카메라를 향해 웃음을 지어 보였다. 피해 현장에서 웃음까지 지어 보일 정도로 죄책감을 갖지 않는다는 이야기다.

이들에게 모든 문제의 책임은 사회와 피해자에게 있다. 유영철은 하나님을 원망하고 자신의 행동에는 모든 부유층과 몸을 함부로 놀리는 여자들에게 그 탓을 돌려 책임을 전가했다. 정남규는 재판과정에서 "부자를 더 죽이지 못해 억울하다"라고 하며 엉뚱한 핑계를 대었다. 강호순은 검거 이후, 유치장에 함께 입감된 사람들과 농담을 주고받으며 유희 거리를 찾았다. 피해자들이 "순순히 내 차에 올랐을 뿐이다. 내가 슬퍼해야 하나? 안 탔으면 되는 것 아닌가?"라고 이야기할 정도로 책임의식을 느끼지 못했다.

사이코패스 연쇄살인범의 네 가지 특징

첫째, 얕은 감정과 불안정한 감정.

대개 그들은 감정 표현이 피상적이고 그마저도 때와 장소에 따라 들쑥날쑥하다. 또한, 평소에 감정을 드러내지 않는다. 무관심하다. 무미건조하다. 신경질적이거나 기분 변화가 심하고 짜증내는 일이 다반사다.

유영철은 "죽일만한 사람을 죽였다."라며 재판정에서 감정 변화가 잦고 감정 조절이 불안정했다. 적개심을 보였다가도 뉘우치는 듯 행동했지만, 자신의 분노를 스스로 통제하지 못했다. 정남규는 사형이 확정되는 순간에도 "담배는 끊어도 살인은 못 끊겠다."라는 말을 남기고 자살로 생을 마감할 정도로 불안정했다. 강호순은 일이 틀어지면 집요하게 화를 내거나 임의의 대상에게 분풀이 했다.

둘째, 입심 좋음, 피상적 매력과 과도한 자존감

유영철은 이은영 기자와의 편지와 보호관찰관 등과의 면담과정에서 자신의 비극적인 가족사나 부조리한 사회에 대해 서사적으로 표현하려 했다. 특히, 어려운 사자성어나 전문용어를 섞어가며 얕고 어설프게 자신의 지식을 뽐내려 했다. 동거녀 등의 진술을 보면 여성을 끌어들이는, 얕지만 피상적인 매력이 있었던 것 같기도 하다.

강호순은 외형적으로는 사람들에게 호감 가는 인물이었던 것 같다. 호의 동석 과정에서 그는 여자들에게는 친근한 말로 현혹하여 안심시켰다. 그는 구형 에쿠스나 무쏘를 타고 피해자를 찾아 나섰다. 더 잔혹한 점은 피해자들의 눈에 잘 띄는 차량 앞좌석 쪽에 '개와 찍은 사진' 등을 놓아 피해자를 안심시켰다. 이 방법은 미국의 연쇄살인범 게리 리지웨이의 수법과 비슷하다.

이렇다 보니 그들은 '자신의 능력과 가치에 대해 매우 과장된 관점'을 지니고 있다. 국내에서는 단연코 유영철이 대표적이다. 자신을 영웅시하며 사회적인 각성을 요구한다. 자신이 정의로운 듯 행세하며 자신만이 할 수 있는 일을 한 듯 떠벌린다. 사회에 대한 응징자로 돈이 많은 부유층만을 대상으로 했다는 사실을 믿게 하고 싶어 했다.

셋째, 병적인 거짓말과 남을 잘 속이거나 조종하는 성향

사이코패스는 정말 믿을 수 없는 존재이다. 타인을 지배하려 드는 이 욕구는 타인을 이중적으로 대하고 계산적이고 가식적인 방식으로 표출한다.

대표적인 인물이 강호순이다. 그는 철저하게 살인을 하며 이중적인 삶을 살았다. 교회에 다니면서 검거가 되기 전까지 신앙생활을 하는 척 자신의 진짜 모습을 은밀히 숨겼다. 자식들에게는 자상한 아빠로 지내다가 얼굴이 공개된 후에는 자식들이 어떻게 살지 걱정했다. 입소 후에 자서전을 발간하여 아이들에게 인세를 주겠다며 아주 가식적인 모습을 보였다.

유영철은 범죄과정에서 경찰관 신분증을 위조하거나, 동거녀에게 거짓으로 현혹하기를 서슴지 않았다. 동거녀에게 사진관을 운영하고 있으며 오랫동안 사귀던 여자가 죽어 결혼한 적이 없는 총각이라고 했다. 자신이 불리할 때면 간질 발작 흉내를 내거나 증상에 대해 거짓

으로 묘사하기도 했다. 이러한 방법으로 그는 타인을 조종하려 했다.

넷째, 훼손된 정서성.

사이코패스는 죄책감과 양심이 결여되어 있고, 공감능력도 떨어져 타인에게 치명적인 위해를 서슴없이 저지른다. 특히 연쇄살인범의 냉담성과 공감력 결핍은 피해자를 일종의 비인격체로 사물화시켜 극도의 고통을 가하게 한다.

대표적으로 존 웨인 게이시를 들 수 있다. 그는 젊은 여성에게 수갑을 채우고, 입에 옷가지를 넣고, 강간하고, 다양한 방식으로 고문하는 가학적 판타시를 보였다. 여성 33명을 대상으로 실제로 이를 실현했다.

제프리 다머는 게이로서 자신만의 성적 환성을 일찍 갖게 되었다. 아버지가 가진 실험도구로 동물 사체로 다양하게 실험하기도 했다. 살아있는 것보다 죽어있는 것에 더 관심을 두고 성적인 환상을 실현하고자 했다.

유영철은 여성의 음부와 유방에 환상을 갖고 실험적으로 해부하는 환상을 실현했다.

사이코패스,
범죄자 프로파일링의 세계

사이코패스 범행수법

범죄현장 재구성 측면에서 사이코패스의 행동 범주를 좀 더 살펴보면 타인을 통제하거나 지배하려는 시도는 폭넓게 나타난다. 작게는 언어 통제로부터 신체 강제, 이를테면 신체를 결박하고, 눈을 가리고, 입을 막고, 감금하고, 가학적 도구를 이용해 때리는 등의 방식이다.

버지니아대학교 판타시 교수에 따르면 가학적인 살인을 보이는 살인범일수록 피해자를 살해하는 방식으로 목을 졸라 죽이는 방법을 선택했다.[•] 범행 전에 사전 숙고하거나, 범행현장을 미리 선택하거나, 30분 이내의 짧은 범행 시간, 얕은 감정, 냉정함, 침착함, 사체 절단의 경우도 가학적인 성적 살인에서 더 흔하게 나타난다고 한다.[•]

성적 살인을 연구한 웨일즈대학교 말컴 맥컬록 등은 잔혹한 성적 살인범 13명에게서 나타나는 놀라운 사실을 발견했다. 그들은 자신만의 가학적 성적 판타시(sadistic sexual fantasy)를 시험하는 실험적 행동이었다는 점이다. 이 행동의 수준을 통해 성적 살인을 충분히 예측할 수 있다고 한다. 예를 들어, 이 환상을 실현하는 초기과정에서 단순히 피해자를 따라가 직접 잡아보지만, 그다음에는 곧 풀어줬다는 점이다.●

살해 이후, 사체와 증거를 숨기거나 제거하고 사체를 조각내어 버리거나 태우거나 덮어버리는 행위 등이다. 그렇다고 해서 일반 살인범과 견주어 볼 때 사이코패스라고 해서 특별히 사체를 옮겨 없앤다든지, 자신의 주거지에서 멀리 떨어진 곳에까지 버리지는 않는다. 사체를 유기하는 지점과 범죄가 발생한 지점 간 거리와 사이코패스와는 특별한 관련성은 없다.●

사이코패스와 관련된 살인은 도구적인 살인 동기와 관련이 있다고 했지만, 사이코패스 살인범은 증거를 제거하는데 크게 신경을 쓰지 않는다. 그들은 일정 부분 충동성과 무관심을 보인다. 최근의 고유정 사건을 통해 사체 절단, 사체 유기라는 단어가 언론에 자주 오르내리고 있다. 이는 사지, 인체 부위, 다른 중요한 신체 부위 특히 음부나 유방을 절단하여 제거하는 행위이다. 일종의 분해 혹은 절단(dismember-ment) 과정이다.●

최근까지 사체 절단 살인으로 유죄를 받은 범죄자를 대상으로 PCL-R을 실시해 본 결과 사이코패스는 사체 분해를 보이지 않은 일반 살인범과 크게 차이를 보이지 않았다.●

한국의 경우, 필자가 1995년부터 2011년에 발생한 65건의 살인 사건을 살펴본 결과 사이코패스 5건 즉 7.6%였다. 특별히 사이코패스만 사체를 훼손하고 절단한 것은 아니라는 사실이다. 이 65건에서 가장 높은 사체 훼손 수법은 팔다리, 손가락 등의 사지를 여러 갈래로 절개하는 것이었다. 혹은 특정 부위 손가락이나 얼굴 부위, 이빨 등을 태우거나 절단하는 방식이다.

이들 중 26건인 40%가 사지를 여러 갈래로 절단한 후, 주거지 근처 골목, 길가나 야산, 호수나 강 등 어디론가 가져다 버렸다. 이런 일련의 과정은 자신의 범행을 은폐하고 증거물을 완전히 제거하기 위한 방어적 유형으로 구분할 수 있다.

하지만 4명의 사이코패스 살인범 경우 가학적 유형으로 구분할 수 있었다. 이들은 맥컬록이 지적한 가학적 성적 환상을 실험하는 과정에서 피해자의 특정 부위, 이를테면 유방과 음부 부위 등을 절단하거나 손상하는 가학적 유형이다. 또한, 시체 애호적 시신 훼손 유형(necromanic) 즉, 신체 성애자라는 점이다. 신체 일부를 잘라서 기념물로 가져가는 형식도 있었다.

이 점은 방어적 유형과는 구분되는 부분이다. 반면 공격적 유형은 다소 반사회적 성격장애 범죄자가 갖는 특성으로 상대방을 공격하고 제거하는 과정에서 발생하는 사체 절단이다. 피해자에 대한 분노와 적개심을 투사한 것으로 볼 수 있다.＊

일반범죄자와 사이코패스의 구별

허비 클렉클리는 《정상의 가면》에서 지적한 바와 같이 사이코패스 범죄자는 일반적으로 죄책감이 없고 양심의 결핍 그리고 얕은 감정이 가장 대표적으로 나타난다. 그러므로 인터뷰 과정에서 이런 특징들이 나타나는지 유심히 지켜보아야 한다.

앞서 사이코패스의 마인드맵에서 묘사된 바와 같이 자기 중심적이며 자기 과시적이고 책임을 수용하지 못하기 때문에 전형적으로 여성이든 남성이든 자신의 잘못을 타인의 것으로 귀인하며 무책임하게 진술한다.●

이런 맥락에서 감정의 중요성에 대한 잘못된 이해와 오해는 부적절한 감정의 표현, 타인을 의도적으로 죽이는 상황을 설명하는 단계에서 행복감을 느끼거나 '피식' 웃음 짓는다.●

강호순, 장대호, 유영철, 정남규가 법정에서 살인 장면을 묘사하며 미소를 짓거나, 만족스러운 표정으로 법관에게 표현한 점이나, 실제 필자와 면담을 했던 어떤 연쇄살인범이 가해자를 칼로 찌르는 장면에서 신나게 말하며 행복스러워했던 장면 등은 다름 아닌 부적절한 감정 표현이다.

가장 핵심적인 사이코패스의 속성이라 말할 수 있는 것은 타인에 대한 조종성이다. 이 조종성은 병적인 거짓과 기만 그리고 지루함을 견디지 못하는 성격 등 가식성과 함께 수사관이나 프로파일러를 대상으로 나타난다.

공감력이 떨어져 자신의 만족과 욕구를 위해 일방적으로 요구한다. 이를 채우는 과정에서 사기와 이중성을 드러내 보인다. 대표적으로 연쇄살인범이었던 게리 리즈웨이를 면담했던 수사관이 리즈웨이 감정 표현의 부적절성을 이야기 한 바가 있다. 따라서 이야기와 감정 표현 간에 괴리나 부적절성을 눈여겨보아야 한다.

사이코패스와
성범죄의 교차점

PSYCHOPATHY:
THE MASK OF INSANITY

사이코패스의
성범죄

"아직 모든 게 꿈만 같다. 영원히 지옥에서 불타겠다."

1심 법정에서 이영학이 과시적으로 한 말이다.

사이코패스 갖는 성향에서 가장 중요한 특성 중 하나가 다름 아닌 '성욕 과다증(hyper-sexuality)'이다. 이전 연구에 따르면 크게 여성을 향한 성범죄는 두 가지 정도로 수렴된다. 하나는 사이코패스가 갖는 지배성과 조종성, 이를테면 거짓말하기, 피상적인 매력 혹은 마키아벨리즘, 충동성은 높은 성욕 과다증과 관련성이 있고 특히 PCL-R의 '대인관계'와 관련된 증상에 깊은 연관성이 있다.●

나머지는 성적 가학성 이를테면 음부를 훼손한다거나 유방을 깨무는 등의 '변태적 행동'은 사이코패스의 냉담함과 관련성이 있다.● 엽기적인 성적 가학성은 성적 일탈성에서 따로 분리될 수 있는 다른 유형의 이상 행동이 아니라 피해자에게 적대적으로 보일 수 있는 가장 극단적 형태의 폭력, 즉 차원적(dimensionality) 속성이다.●

예를 들어 성적으로 강제적인 행동과 환상이 없는 상태에서부터 소아 성애적 성적 판타지를 거쳐(이 단계는 다소 낮은 가학성을 의미) 여성 피해자를 통제하고 묶고 모욕을 주는 형태의 구조화된 판타지까지(이 단계는 비교적 높은 가학성을 의미), 더 나아가 어쩌면 가장 높은 수준의 단계인 여성 피해자에게 죽기 전에 상상 이상의 성적 환상을 투영한다.

이를테면 음부나 가슴에 도구를 이용하여 직접적인 가해행위를 보이거나 항문에 견딜 수 없는 손상을 가하고 시체 일부분을 뜯어내는 등의 판타지까지 말이다.*

지금까지 연구에서 사이코패스 성격 성향 중 마키아벨리즘, 냉담함, 나르시시즘, 충동성이 성적 행동과 믿음에 높은 영향을 준다.

브랜다이스대학교 심리학과 교수인 레이몬드 나이트에 따르면 가학적 성폭력을 즐기는 사이코패스 성범죄자는 여성을 조종하고, 충동적으로 대하며, 피해자의 고통에 철저히 둔감하고, 타인과 불안정한 애착 관계를 갖고 일반적인 폭력을 함께 보인다.*

가학성과 사이코패스는 유사하게도 타인의 아픔에 철저하게 무감각하다. 자신의 목적을 달성하기 위해 타인에게 참을 수 없는 고통과 아픔을 기꺼이 가한다.*

아래는 표에서 제시하는 사람들은 한국에서 연쇄살인범 이외의 대표적인 성범죄자이다.*

전체적으로 단순 성범죄자 혹은 단일성 성적 살인의 경우 연쇄살인범보다 다소 대인관계-정서성에서 낮은 점수를 보였다. 즉 정서성 증상인 냉담함, 두려움이 없는, 불안감이 결핍된, 냉혹함, 무심한 등은

이름	언론	총점	1요인	2요인	대인관계	정서성	생활양식 충동성	반사회성	기타
김수철	?	24	9	13	2	7	8	5	2
조두순	29	29	11	18	5	5	10	8	0
이영학	25	29	9	17	5	4	10	8	2
김길태	?	25	11	14	4	7	8	6	0
오원춘	22	21	6	15	2	4	8	7	생략
김일곤	33	30	12	18	4	8	9	9	생략

기타(4점) : 문란한 성생활, 여러 번의 단기 혼인 관계

물질화(생명이 없는 어떤 대상) 하기 쉽게 만들며, 마치 물건을 다루듯 사람을 다루는 일종의 '악의 근원'이다.

전체적으로 김일곤은 가장 높은 수준의 사이코패스 성향을 보이고 그다음으로 조두순과 이영학은 비슷한 측면을 보인다. 그 외에 오원춘은 사이코패스 성향이 평균수준 이하로 나타났다. 오원춘은 범행과정에서 보인 잔인함에 비해 사이코패스 성향은 떨어짐을 알 수 있다. 사체의 훼손 자체만을 갖고 사이코패스 정도를 결정짓기는 어렵다. 왜냐면 사체 훼손이 기본적으로 모든 연쇄살인범에게서 공통으로 나타나기 때문이다.

극단적 성적 가학성
: 이영학 versus 조두순

조두순과 이영학은 사이코패시 정도가 높은 것으로 보인다. 두 사람의 점수 패턴을 보면 상당히 유사하다. 이 두 사람은 어쩌면 인간이 보일 수 있는 가장 극단적 수준의 '가학성'과 '성 도착성'을 다른 차원이지만 고루 보여주고 있다. 살아있는 인간을 동물처럼 대하며 아무런 양심의 가책을 느끼지 않은 채 오로지 자신의 성적 욕구에 함몰되어있다.

예를 들어 가장 취약한 12세~15세 미성년자 소녀, 신체적 제압과 무차별적 폭력, 성적 행위, 다양한 성적실험 예를 들어 도구를 이용한 성기에 대한 폭력과 고통이다.

물론 이영학은 여기서 한발 더 나가 살인을 하고 사체에 대한 극단적 실험과 유기까지 했다. 개인적으로 볼 때 국내 상위 1%의 부류에 드는 사이코패스이다.

조두순은 등교 중인 어린 피해자를 강제로 교회 건물 화장실로 끌고 들어갔다. 그는 피해자의 얼굴을 주먹으로 때려 제압한 후 목을 눌러 의식을 잃게 했다. 성기를 삽입하여 극도의 고통을 가했고 가학적 도구를 이용했다. 피해자의 얼굴에는 심한 멍과 볼 부위를 깨물고 목을 조르는 등 극단적 실험을 했다.

범죄 사실에 대해서는 기억이 나지 않는다며 자신의 정액이 나왔다는 것을 입증한다면 자백하겠고 저항했다. 이 후, 주거지에서 성기 확장기가 발견된 것으로 보아 성적 열등감을 가진 듯 했다. 동물학대도 있었는데 과거 집에서 기른 애완견을 찢어서 죽인 경험이 있다.

이처럼 조두순의 가학성은 이영학과 비교하면 상대적으로 투박하며 거칠고 즉흥적이다. 대부분을 교도소에서 지냈기 때문에 판타지 실험에 기반을 둔 가학성 수준이 정교해질 시간이 부족했기 때문이다.

이영학은 젊은 나이에 비해 한발 더 나아가 성적실험이 다양하고 섬세하며 치밀하다. 이런 특성으로 미루어 볼 때 그의 가학성은 전 생애 기간 점차 정교하게 진화한 듯 보이며 갈수록 대범해졌다.

친딸을 이용해 피해자를 자신만의 실험공간으로 유인했다. 준비한 수면제 졸피뎀을 탄 음료수를 건네 잠이 들게 했다. 피해자를 나체로 벗긴 후 성추행했고 이후 깨어나 저항하자 넥타이를 이용해 목을 졸라 살해했다. 부검결과를 보면 피해자의 몸 여기저기에 가학적 성 도구를 이용한 음부 학대로 보이는 상처가 발견되었다.

조두순처럼 이영학의 거주지에서 다수의 가학성 음란기구가 발견했다. 이후 시체를 여행용 가방에 넣어 승용차에 싣고 강원도 영월 야산 어딘가에 유기했다. 이영학은 성기변형 수술을 했고 이로 인한 부작용으로 발기부전이 생긴 것으로 보인다. 그는 성기능장애를 갖고 있어 성적 열등감을 오랜 기간 가졌다.

환상을 기반으로 한 성적 가학성은 15세 피해자에게서 뿐만 아니라 자살한 아내에게서도 오랜 기간 보였다. 아내의 성기에 여성을 비하하는 문구를 새기는가 하면 온몸에 문신을 새기고 변태적인 성행위를 시키거나 다른 남자와 성관계를 하는 장면을 동영상으로 촬영하여 올리기도 했다. 강남 마사지 가게를 근거지로 자신의 아내뿐만 아니라 미성년자를 대상으로 성매매를 시키며 가학적 실험을 이어갔다.

그는 초등학교 때부터 거대백악종을[7] 앓으면서 또래와 쉽게 어울리지 못하고 겉돌며 따돌림을 받았다. 여러 번의 외과 수술을 거치면서 정상적인 사회관계를 맺는 게 어려웠고 중학생이 되면서 부모의 사업 실패와 이혼은 자신만의 판타지에 더 갇히게 했다.

이때부터 그는 초등학생과 무기력한 유아들을 유인해 성추행을 시작했다. 여학생을 성적으로 괴롭히는 행동을 떠벌리며 유쾌하게 지내며 약한 친구들을 괴롭혔다. 중학교 때는 성폭행 사실로 인해 퇴학의 위기까지 직면했지만, 가까스로 부모의 재력으로 모면했다. 이런 경험은 그에게 판타지 실현에 대한 자신감으로 자리 잡았다.

---

7 거대백악종은 치아의 뿌리를 덮은 백악질이 종양으로 인해 비정상적으로 커지는 치과계 질병

사이코패스와
뇌의 변화

냉기와 차가움 사이

사이코패스 성범죄자의 잔혹함, 냉담함, 정서성 결핍은 무엇으로 인하여 나타나는가?

사이코패스 살인범에는 편도체와 해마의 우측 부 기능이 우세하고 좌측 부 기능은 떨어지는 비대칭성이 두드러지게 나타난다. 그리고 이 복합체의 신경 밀도가 급격히 감소하여 있는 것을 볼 수 있다. 사이코패스 범죄자를 대상으로 다양한 자극을 줄 수 있는 사진 등 자극물을 제시할 경우 '편도체-해마 복합체' 활성이 감소함을 알 수 있다.

특히, 좌측 부분의 해마 기능이 떨어졌다. 더욱 공포 조건형성 과제 학습 단계에서는 안와전두피질을 포함해서 변연계·전두엽(limbic system-prefrontal cortex) 활성이 떨어졌다. 두려움을 상기한 상태에서 우측 편도체 활성이 현저히 감소했다. 사이코패스를 대상으로 한 연구에서 해마의 배 측 혹은 복 측 영역 모두에서 기능의 감소가 두드러졌다.*

신경범죄학자인 아드레인의 연구에 따르면 해마의 좌우 비대칭은 불균형이 역력했다.* 특히, 300명의 범죄자 뇌 분석 결과, 해마의 방회, 편도체, 해마, 안와전두피질 회백질 부피가 감소함을 알 수 있었다.* 따라서 사이코패스가 갖는 정서성 문제에서 냉담함과 무정함, 차가움은 바로 '편도체-해마 복합체' 등이 중요한 역할을 하는 것으로 보인다.

충동성과 반사회적 생활양식

많은 뇌 연구에서 충동적이거나 감정적 폭력이 전두엽 이상과 관련성이 있음을 일관되게 보여준다.* 그중에서 전두엽 이상은 계획적 공격성보다는 충동적 공격성, 반응적 공격성과 더 뚜렷하게 보인다.*

다시 말해 전두엽 이상이 심한 사이코패스의 경우 충동적이면서 반사회적인 폭력성을 보였다. 반면 최소한의 자극 수준에서 이루어지는 계획적·목적 지향적, 냉담한·약탈적 폭력성(predatory violence)은 상대적으로 높은 전두엽 활동을 보였다.*

특히, 복 외측 전전두피질의 활성증가는 냉담함과 대담성과 같은 사이코패스 특성과 관련이 있었다.* 이런 전두엽 영역 이상은 사이코패스의 거짓말, 사기, 속임수와 관련성이 있다.

사이코패스 진단 도구 PCL-R 요인과의 관련성에서 전전두엽 회백질 감소는 깊은 관련성을 보였다. 대인관계와 정서성(요인 1)과 가장 관련성이 높은 것은 전두엽, 안와전두피질, 앞쪽 상측 측두엽, 뇌섬엽 회백질 부피 감소였다.• 흥미롭게도 선조체 부피 크기가 클수록 사이코패스와 정적 상관을 보였다. 특히, 선조체의 미상핵 머리 부분이 클수록 사이코패스의 충동성과 반사회적 특성의 상관이 높았지만, 미상핵 몸통 부피가 클수록 정서성 특징과 깊은 관련성을 보였다.

뇌 영상 자체로는, 뇌 결함이 사이코패스를 왜 유발하는지 입증하지 못했다. 다만 몇 가지 연구를 통해 사이코패스의 뇌 결함과 행동 특성 간 관련성을 이해할 따름이다.

예를 들어 복 내측 전전두피질 손상은 빈약한 의사결정, 자율신경적 결함을 등을 일으켜 소시오패시적 행동 등에 영향을 줄 수 있다.• 뇌 손상을 당한 군인을 연구한 결과에서 복 내측 전두엽의 문제를 보인 사람에게서 공격성, 폭력성, 반사회적 행동이 나타나곤 했다.•

사이코패스 발현과 뇌

첫째는, 바로 '전전두피질(frontocortical)'의 문제이다.

위험한 상황에서 적절한 의사결정을 하지 못하는 것과 부적절한 의사결정이 결국 사이코패스 충동성, 규칙 위반, 행동통제 결핍, 현실적인 자기 목표 부재 설정, 무책임한 행동에 영향을 충분히 주었을 수도 있다.*

전전두엽에서 적절한 공포조건이 형성되지 못한 경우 이는 사이코패스의 중요한 증상 중 하나인 공격적 행동에 영향을 주었을 것이다.*

아동기, 양육자의 언어적 신체적 처벌과 혐오 자극에 느린 자율 반응을 보이는 경우 성장 후에도 사회적 처벌과 강화에 덜 민감해 사이코패스로 발달할 가능성이 크다. 그리고 한 부분은 전전두엽에서 이상이 생기면 각성 조절에 이상이 발생한다. 낮은 생리적 각성은 저 각성에 대한 보상 추구 행동을 일으키며 과도한 몰입을 보이며 사이코패스가 된다.*

둘째, 뇌량(corpus callosum) 결함이다.

데비슨과 폭스는 뇌량 결함은 결국 반구 간 이동을 비정상적으로 만들며 부정적 정서성과 관련이 있다고 지적했다.* 즉 좌뇌가 우뇌를 억제 통제·조절하는 기능을 하는데 결국 문제가 생기게 되면 정서조절 장애를 일으키고 행동적으로 공격성 등이 조절되지 않은 행동이 나타난다. 대표적으로 '분할 뇌 환자(split-brain patient)'를 보면 부적절한 정서 표현과 함께 장기적 계획을 수립하고 실행하는 능력에 문제가 있음을 알 수 있다.

사이코패스가 보이는 차가움, 무딘 정서는 뇌량 백질 부피가 클수록 정서성에 문제가 있음을 알 수 있다.* 또 하나는 신경발달 과정에서 나타나는데 특히 출생 이후 어른이 될 때까지 2/3가량의 뇌량 축색이 제거되면서 일종의 가지치기가 나타나는데, 대부분 억제 섬유가 아닌 흥분 섬유에서 나타나 균형이 맞게 된다. 하지만 만일 축색의 가지치기가 성장 과정에서 중단되거나 지연되면 흔히 높은 수준의 사이코패스에게서 나타나는 뇌량 백질 부피가 증가하게 되고 반대로 반구의 기능적 과잉 연결성에 기여한다는 점이다.

마지막으로 투명 중격막의 문제이다.

이 투명 중격은 중격의 한 요소로 뇌실을 분리하는 두 개의 반투명한 아교 세포막으로 이루어져 있고 정중선 구조로 되어있다. 이 두 막의 공간이 폐쇄됨으로써 태아가 발달하는 과정에서 해마, 편도체, 뇌량과 같은 정중선 구조의 발달에 기여한다. 하지만 이 변연계 발달이 지체되어 투명 중격 공간이 빈 채로 그대로 남아 있으면 사이코패스 성향을 보인다는 점이다.* 이점은 결국 사이코패스 특성은 신경발달 장애와 관련성이 있음을 말한다.

사이코패스와 후회감

최근 연구를 보면 사이코패스는 후회 자체를 느끼지 못하는 것은 아니다. 후회 자체를 통해 행동 억제와 반응을 촉진하지 못한다. 즉, 과거 경험을 기반으로 행동을 억제하는 집행기능에서 기능적 결함이 드러난다.

예일대학교 심리학과 아리엘 배스킨소머스 교수는 하버드대학교와 주도한 최근의 연구에서 사이코패스도 자신의 결정에 관해 후회하는 감정을 느끼는 징후를 발견했다. 다만 이 감정을 뒤로하고 행동을 수정하거나 변화하지 않는 것이 문제이다.

그녀는 폭력, 마약 등 반사회성을 보이는 범죄자 62명을 대상으로 사이코패스 성향을 조사했다. 이후, 그들을 대상으로 도박실험을 진행했다.

두 종류의 룰렛을 주고 이 중 하나에 공을 던지게 했다. 범죄자들은 공을 던지기 전, 어느 룰렛에서 더 높은 점수를 얻을 수 있을지 몰랐다. 선택한 룰렛을 돌린 뒤 선택하지 않은 다른 룰렛을 돌렸을 경우 얻을 수 있었던 기대 점수를 확인할 수 있었다. 이 기대 점수를 확인했을 때의 감정을 '매우 실망하는' 척도부터 '매우 만족하는' 척도로 응답해달라고 요청했다. 사이코패스 성향에 상관없이 하나같이 점수를 더 받을 수 있었던 경우 실망과 후회하는 감정을 보였다.

문제는 사이코패스 성향이 높은 범죄자는 같은 실험을 똑같이 반복하더라도 후회했던 경험을 비추어 다른 룰렛을 선택하는 등의 행동을 수정하려 하지 않았다. 여기서 연구자들은 사이코패스는 반사회적 행동이 반복해서 나타난다는 점은 후회가 결핍되었다기보다는 이 후회감을 더 나은 행동을 선택하는 과정에 반영하지 못하기 때문이라 보았다.*

개인적으로 이 연구에 의문을 제기하는 부분은 실제 사이코패스라 진단할 수 있는 사람이 거의 없다는 점이다. 대부분 반사회적 성격장애를 보이는 정도이다. 그리고 이들이 사이코패스 평가를 위해 사용한 척도는 헤어가 개발한 사이코패스 자기 보고 검사였다. 이 검사는 다분히도 사이코패스와 동떨어진 반사회적 생활양식에 초점을 두고 있다.

우리는 흔히 사이코패스 모두가 감정이 결핍되어 그 자체를 느끼지 못한다고 하는 데 어느 정도 맞는 말이다. 뇌 기능에서의 기질적 결함이 유두체, 편도체, 해마, 대상회에 걸쳐 변연계 전반에 걸쳐 있는 경우 감정 자체가 무디거나 후회 감정이라는 것이 잘 나타나지 않는다. 다만 이 대뇌변연계의 기능보다는 집행기능과 행동억제시스템에 문제가 있는 경우 아리엘 배스킨소머스 교수가 지적한 바와 같이 감정을 교훈으로 더 나은 결정을 내리거나 행동을 바꾸는 데 문제가 있을 수 있다.

사이코패스와
흥미로운 이슈

수감 중인 범죄자 중 사이코패스

이전 연구에 따르면 전체 범죄자 중 15~25%가량이 사이코패스라
고 한다.° 치료감호소에 있는 범죄자보다 일반 교도소에 갇혀 있는 범
죄자가 약간 더 높은 비율을 보인다.°

여성 사이코패스의 비율은 수감자를 기준으로 평균 10~20% 정도
이다.° 교도소에 갇힌 성범죄자의 경우 근친상간보다(5%~31%) 강간
범에서(25%~45%) 다소 높은 사이코패스 발생률을 보였다. 아동과 성
인 모두 피해자로 삼는 강간범의 경우 64%가 사이코패스였다.°

또한, 성적 파트너에 대한 성적 강제와도 사이코패스와 긴밀한 관
련성이 있는데 연인·배우자·성적 파트너를 대상으로 한 강간범 중
1/3가량이 사이코패스인 것으로 나타났다.° 살인범의 경우 북미와 유
럽을 기준으로 30%가량인 것으로 보고하고 있다.°

성적 살인은 인간이 인간을 대상으로 보일 수 있는 가장 극단적인 폭력성이다.* 성적 살인은 미국을 기준으로 볼 때 모든 살인의 대략 1%가량이다.* 살인범 중, 캐나다의 경우 4%, 핀란드의 경위 2% 이하, 한국의 경우 1.2% 정도로 성적살인으로 나타났다*

성적 살인의 경우 다른 유형의 범죄보다 높은 사이코패스 비율을 보인다.* 앞서 스톤의 연구를 제시했지만, 77명의 남성 연쇄 성적 살인범의 97%가 사이코패스의 기준을 충족했다.

국내에 존재한 연쇄살인범도 모두 PCL-R 절단 점을 웃도는 사이코패스를 보였다. 핀란드에서 연구한 연쇄 성적 살인범의 경우에는 19명 중 56%가 26점 이상의 사이코패스로 나타났다. 특히, 대인관계와 정서성에 중요한 문제가 있었다.

이런 사이코패스는 역시 피해자를 조종하고, 피상적 매력과 입심으로 피해자를 기만하고, 병적으로 거짓말하고, 과도한 자존감과 냉담함을 보였다. 그리고 타인에게 공감력 결핍이 두드러졌다. 반사회성 성격장애는 사이코패스와는 다른 성격장애라고 볼 수 있다. 전체 수용자 중, 반사회성 성격 장애자는 DSM-5를 기준으로 볼 때 대략 65%가량이 해당한다.

일반인 중 사이코패스

북미를 기준으로 전체 일반인을 대상으로 살펴보면 1~3%가량이 사이코패스일 가능성이 있다. 여성의 경우 0.3%~1%가량이 사이코패스이다. 천 명의 사회 구성원 중, 3명에서 10명가량이 사이코패스인 셈이다. 절대 낮지 않은 수준이다.

한국은 사이코패스 성향에 대한 문화적인 반감으로 인해 북미 기준보다 반에서 삼분의 일 수준이다. 하지만 하위 집단에 따라서 그 비율이 다르게 나타날 수 있다. 예를 들어, 정치인처럼 권력과 힘을 누리는 집단의 경우는 사이코패스 비율이 훨씬 더 증가할 가능성이 있다.

필자의 연구에 따르면 대다수의 한국 사람들은 정치인이 사이코패스일 비율을 가장 높은 집단으로 꼽았다.* 특히, 헤어와 바비악은 대기업의 CEO, 법률가, 외과 의사 등에서 높은 비율의 사이코패스 수준을 보이는데 클라이브 코비 교수는 최소 5% 이상인 것으로 보고했다.*

PCL-R이라는 진단 도구를 통해 이루어진 이런 비율 구분 자체가 약간은 들쑥날쑥하다. PCL-R은 요인2(반사회적 행동)에 대한 지나친 강조로 사이코패스를 잘 못 진단할 가능성이 존재하기 때문이다. 사이코패스는 단순히 분류학적으로 구분 지을 수 있는 것이 아니라 연속적인 속성이다.

다시 말해 모든 사람이 사이코패스의 수준을 어느 정도 갖고 있다면, 어떤 사람은 그 수준이 병리적인 수준으로 나타나고 어떤 사람은 현실에 적응하며 순응적인 수준으로 나타날 뿐이다. 따라서 흑백이 있을 뿐 아니라 짙고 옅은 회색존도 나타난다.

이런 측면에서, 사이코패스 성향이 평균 이상으로 높은 사람을 우리는 편의상 사이코패스라 한다. 따라서 사이코패스가 수준이 높지 않더라도 사이코패스에 근접해 있는 사람, 소위 '회색 존의 부류'는 우리 주변에는 사실 더 많다. 그들은 사이코패스 수준이 낮은 사람에 비해 더 많은 거짓말과 조종으로 우리를 기만한다. 기생적으로 우리에게 빌붙어서 괴롭히며 우울하게 만든다.

다만, 교묘하게도 법에 규정한 범죄로 이어지질 않을 뿐이다. 내 주변에 만난 상사와 직장동료, 거래처 직원을 보면 쉽게 알 수 있는 사실이다. 그 누구라도 한 번쯤 경험해 봄 직한 일들이 일어난다.

한국인 5천만 명을 기준으로 했을 때 50만 명 정도가 심각한 수준의 사이코패스이다. 결코, 적지 않은 사람들이다. 그런 사이코패스가 우리 주위에서 나와 가족들 그리고 소중한 사람들을 괴롭히며 죽음으로 내몰고 있다.

사이코패스는 범죄를 또 저지른다

사이코패스가 다른 범죄자보다 앞으로도 계속 범죄를 저지를 가능성이 있는가 하는 문제이다. 결론적으로 지금까지 연구된 결과를 토대로 이야기하자면 반드시 그렇지만은 않다.

법원에서 감경이나 가중처벌 등 양형이나 처우를 결정할 때, PCL-R이라는 사이코패스 진단 도구를 참고하고 있다. 국내에서 대부분 가중처벌 요소 중 하나로 중범죄자를 대상으로 향후 위험성을 고려하여 처분하고 있다.

아쉽게도 지금까지 밝혀진 바로는 사이코패스가 향후 폭력성을 예측하는 데 있어 그렇게 강력한 예측력을 보이지는 않고 있다. 교도소 혹은 일반 지역사회에서 사이코패스가 재범에 주는 영향은 보통 수준의 예측력을 가진 것으로 나타나 사이코패시를 갖고 재범성을 예측하는 것은 추천하지 않는다.

특히 메타분석(meta-analysis)을 통해 확인하면, 사이코패스는 향후 벌어질 신체적 폭력 가능성과는 낮은 관련성을 보였을 뿐만 아니라 사형수를 대상으로 한 경우에도 그 폭력 범죄 발생 비율이 현저히 낮았다.• 다시 말해 사이코패시 자체만을 갖고 보면 이들이 앞으로 어떤 유형의 범죄. 예를 들어 폭력성 범죄, 비 폭력성 범죄, 혹은 성범죄, 기타 일반적 범죄를 유의미하게 구분하여 예측하지 못했다는 점이 눈에 띈다.

하지만 일반적으로 사이코패스가 갖는 반사회성과 충동성은 향후 벌어질 폭력성과 긴밀한 관련성이 있는 반면 이들의 정서성과 대인관계에서의 문제는 폭력적 행동을 야기하는 일종의 근원적 동기(motivator)로 작용한다.

여성 사이코패스의 경우 남성 사이코패스보다 다소 낮은 수준의 재범 위험성을 보이지만 다른 폭력 예를 들어 가정폭력, 아동학대, 배우자 살인 등과 관련성이 있다. 나라마다 차이가 있으나 캐나다와 유럽의 경우 미국보다 사이코패스와 향후 재범과 관련성이 더 있어 보인다. 아쉽게도 한국의 경우 아직 알려진 바가 없다.

반사회성과 사이코패시 성격장애의 차이와 유사점

학자들 간에 첨예하게 대립을 이루고 있는 것이 이 점이다. 사이코패스가 갖는 특성에서 반사회성과 범죄 행동이 사이코패스의 핵심적 기질인지 아닌지 논쟁을 벌이고 있다. 결과적으로 '그렇지 않다'이다. 대표적으로 PCL-R 개발자 로버트 헤어*에 따르면 반사회적 행동도 사이코패스의 핵심적인 개념으로 포함해야 한다면서 PCL-R의 4 단면(반사회성)과 관련된 5가지 항목(행동 통제력 부족, 어릴 때 문제행동, 청소년비행, 조건부 석방 혹은 유예의 취소, 다양한 범죄력)도 중요하다고 주장한다.

이와는 달리 필자를 포함한 일부 학자는 '반사회적 행동이 사이코패스를 구분 지을 수 있는 특별한 정보를 주지 못한다'고 보며 과거 범죄 이력과 관련한 반사회성 항목을 뺀 3모델을 주장하고 있다.* 예를 들어 쿡, 하트, 스킴 동료들은 반사회적 행동은 사이코패스 범죄자라면 당연히 나타날 수 있는 결과일 뿐 핵심적 사이코패스 개념은 아니라고 선을 그었다.* 또한 PCL-R은 사실 허비 클렉클리가 주장한 사이코패시의 16가지 핵심 증상과는 일부 괴리가 있어 분명 모순이 있다.*

재미있는 점은 이런 학술적 논쟁과정에서 헤어는 자신의 사이코패시 개념에 반대하는 쿡을 위시한 다른 학자들을 법률적으로 고소하겠다며 협박하는 상황까지 벌어지기도 했다. 물론 헤어의 제자였던 하트 교수가 중재하여 지금은 소강상태에 있다. PCL-R에 대한 한계는 다음 장에서 자세히 다루도록 하겠다.

결국, 사이코패시 개념 중 반사회성 항목이 제외되면 자연스럽게 재범 예측률은 떨어질 수밖에 없다. 결국, 예측 타당도가 낮아지는 셈이다. 사이코패시가 재범을 잘 예측하지 못하는 조건에서 반사회성 항목마저 빼면 예측률은 더 떨어진다. 따라서 헤어는 이점을 경계하며 여전히 4모델을 주장하고 있다.

필자는 PCL-R을 이용해 재범률을 예측하는 것 자체에 모순이 있다고 보고 있고, PCL-R을 재범 위험성 도구가 아닌 일종의 사이코패시 진단 도구로만 제한적으로 사용해야한다고 본다. 현시대에는 사이코패시 성격장애가 있는 자라 하더라도 지역사회에서 기능적으로 기생하며 성공적으로 살아가는 사이코패스도 일부 존재하기 때문에 반사회성을 과도하게 적용하는 것은 경계해야한다.

타고나는가,
만들어지는가

사이코패스 성장 환경

필자는 기존의 문헌을 기반으로 사이코패스에 영향을 줄 수 있는 가정환경 혹은 이들의 배경 요인으로 양육자의 문제, 피학대와 방임, 부모갈등 해체, 사회경제적 수준 등 4가지로 구분해 보았다. 한국에서 일반인이 대표적으로 사이코패스라 인식하고 필자의 평가를 통해 사이코패스로 확정한 8명에 대해 간략하게 살펴보았다.

첫째, 아동 양육문제, 아이들에 대한 일관성 있는 감독과 처벌 결핍, 냉담함과 거부적 태도, 아동에 대한 부모의 낮은 개입 수준이다.

필자가 아래 표에서 제시하는 8명의 사이코패스 중 확인 불가능하거나 해당하지 않는 경우를 제외하면 총 6명이 양육과정에서 분명한 문제를 보였다.

유영철은 월남전 참전한 부친으로부터 가혹할 정도의 처벌을 받았고 정남규는 부친의 상습적 처벌이 지속해서 있었다. 김해선과 김일곤은 알코올 중독자였던 부친으로부터 상습적인 가정폭력에 시달렸다.

애초부터 이들에 대해 적절한 개입과 감독이 결핍되어 있었고 가정에서 받은 부모의 냉담함과 거부적인 태도는 사이코패스가 갖는 기본적인 차가움 발현에 촉발하는 요인 역할을 했을 것이다.

양육문제는 오랜 기간 만성적 범죄와 반사회성에 영향을 주는 것으로 보았다. 어린아이가 외출할 경우 어디서 무엇을 하는지 모르거나 거리를 배회하고 있음에도 이를 알지 못하는 경우 폭력이나 재산 범죄에 큰 영향을 미친다.

가혹한 부모의 처벌이나 감정적 징계는 오히려 아이들의 일탈과 범죄 행동을 부추긴다. 특히, 부모가 일관성 없이 자신의 감정에 치우쳐 징계하는 것은 청소년의 비행에 영향을 준다.◆ 영국의 마샬과 쿡에 따르면 사이코패스와 비 사이코패스를 크게 나누어 비교한 결과 사이코패스 상당수가 부모의 무관심과 방임을 보였거나 부모의 감독과 규율이 부재하거나 있었더라도 일관성이 없었다는 점이다.◆

스웨덴 프로디 등의 연구에서 사이코패스 성향이 높은 사람은 어린 시절 부모와 불안정한 애착 장애를 앓고 있다고 했다.◆ 다시 말해 육아가 잘 이뤄지면 사이코패스 경향에 강력한 보호 요인으로 작용한다. 부모와의 끈끈한 유대감이 아주 중요하다.

둘째, 피학대와 방임이다.

이는 8명의 국내 사이코패스 중, 내용 확인이 불가능한 1명을 제외한 모든 사람에게서 일반적으로 나타났다. 정남규, 이춘재가 성적 학대를 당한 초기경험은 사이코패스 증상 발현, 정서성과 가학적 성적 판타지, (피)가학성에 큰 영향을 주었다. 한편 유영철, 김해선, 김일곤의 충동성과 폭력성은 어린 시절 경험한 가정폭력이 큰 몫을 했을 것이다.

어찌 보면 가장 많은 사이코패스 연구에서 일관되게 나타나는 결과이다. 아동기 피학대 경험이 성인기의 반사회적 성격장애에 영향을 주거나 사이코패스 성향이 높아진다는 것을 알 수 있다.•

스톡홀름에서 랭 등이 한 연구인데 11~14세에 부모로부터 학대를 경험하거나 방임된 소년들이 나중에 성장해 36세가 될 무렵 폭력이 늘고 사이코패스 성향이 높아진다고 한다.• 최근 포이쓰레스, 스킴, 릴리엘필드의 연구에서는 초기 학대 경험 정도가 사이코패스가 보이는 충동성과 반사회성에 영향을 주는 것으로 보고하고 있다.• 어떤 연구에서는 초기 신체적 학대가 사이코패스 충동성과 반사회성 즉, 범죄성에 영향을 주는 반면 성적 학대는 사이코패스가 갖는 모든 증상에 치명적인 영향을 준다고 한다.•

셋째, 양육자의 갈등과 가족 해체이다.

한국 사이코패스 8명 중에 유영철, 이영학, 조두순은 부모의 이혼, 사망, 일부 가족 해체를 경험했다. 필자의 생각이지만, 가족이 해체되는 그 자체가 주는 영향보다는 이후 아이가 겪게 되는 스트레스, 경제적 상황 악화, 적절한 지원과 심리적 지지 결핍, 돌봄 박탈이 청소년기를 거치며 불안정한 경험을 하게 한 것으로 보인다.

볼비(John Bowlby)에 따르면 해체된 가정은 아이들로 하여금 범죄를 초래하게 하고, 생후 5년 동안 모성애적 박탈을 겪으면 이후 냉담한·무감정한 사람이 되고 돌이킬 수 없는 부정적 결과를 낳게 한다고 지적했다. 많은 연구에서 생후 5년 동안 부모의 이혼과 별거를 경험 아이는 나중에는 범죄 위험성이 높아진다고 지적하고 있다.*. 메타분석이나 종단연구에서도 친부모와 분리나 이혼을 경험한 아이가 나중에 사이코패스 성향이 높아진다.* 해체된 가정이라는 상황은 사이코패스 특성 중 반사회적 행동에 좀 더 영향을 주는 편이고 이는 더 높은 수준의 사이코패스와 관련성이 있다.*

마지막으로 어린 시절 경험한 사회경제적 어려움이다.

아버지의 직업에 근거해서 나눠진 가족의 사회경제적 지위는 이후 성장한 청소년의 사이코패스 증상에 영향을 준다. 특히, 청소년은 냉담하고 무정한 특성을 보였다.*

사이코패스 증상을 가진 아이가 점차 안정성을 높이는데 기여하는 것 또한, 안정적인 부모의 경제적 뒷받침이다.* 한두 명을 제외한 나머지 국내 사이코패스가 하나같이 경제적인 빈곤이 있었거나 의심되었다. 경제적인 뒷받침은 중요한 보호 요인으로 작용하는데, 경제적인 박탈은 간접적으로 비행으로 이어진다. 학교에서의 따돌림과 부적응, 조기 비행 행동에도 영향을 주는 것으로 보인다.

대표적으로 김해선의 경우 어린 시절에 정신질환을 갖고 있었지만, 경제적인 빈곤으로 적절한 치료를 받지 못했으며 또래들에게 '이상한 아이'로 낙인찍힘을 받고 따돌림을 당했다. 조두순도 탁발승이었던 부친의 무능력과 이후 부친과 모친의 연이은 죽음은 결국 절대적 빈곤으로 이어졌고 냉담성과 무정함을 버퍼링할 만한 보호 기능을 전혀 갖지 못했다.

하지만 이러한 가정배경을 가졌다 하더라도 이것이 사이코패스 발현에 인과적 역할을 한다고 판단하기에는 아직까지 연구 결과가 미비하다. 아이의 사이코패스 증상이 부모의 양육방식에 영향을 주어 부모의 행동을 결정한 것일 수도 있다. 반대로 부모의 양육방식이 사이코패스 증상에 영향을 주었을 수도 있다. 예를 들어 사이코패스 청소년을 키우는 부모는 아이의 차가움에 관해 덜 지지적으로 대하거나 이해력이 떨어져 다른 형제로부터 소외시켰을 수도 있다.•

이름	양육문제	피학대와 방임	부모갈등해체 가족	사회경제적 요인
유영철	부친 월남전 참전용사 -알코올 중독 부친 처벌 낮은 개입 수준 비일관적 양육	부친 가정폭력 모친 방임	부모이혼(7세) 부친사망(중2) 친형사망(중2)	경제적 빈곤(무직) 학교 부적응 조발비행절도(고2)
정남규	지나친 처벌 비일관적 양육 낮은 개입과 지원	부친 가정폭력 동네 아저씨 성추행 및 강간 (여러 차례)	모친 종속 -무기력	경제적 빈곤(무직) 또래 집단따돌림/ 폭력피해 학교 부적응
김해선	부친 알코올 중독 -지나친 처벌 비일관적 양육 낮은 개입과 지원	부친 상습폭력	확인 불가	경제적 비곤(농사) 정신질환 또래 따돌림(이상한 아이)
강호순	확인 불가	부친-가정폭력(판결문)	확인 불가	중간수준경제(농사) 학교 문제없음

이름	양육문제	피학대와 방임	부모갈등해체 가족	사회경제적 요인
이영학	확인 불가	확인 불가	부모이혼(중학)	경제적 부유함(중학까지) 또래 따돌림 성추행 가해(중학교 때부터) 거대배악종(초3부터)
이춘재	확인 불가	성폭행 피해(초등) -확인필요	확인 불가	경제적-보통 학교 이상할 정도로 조용한 아이
조두순	생략 -부친사망(초등)	조실부모에 따른 방임	부친사망(초등) 모친사망(고등) 형제와 단절	경제적 비곤(승려·탁발승) 초졸 청소년(범행 시작-절도)
김일곤	지나친 처벌-부친 알코올 중독 비일관적 양육 낮은 개입과 지원	부친 가정폭력 중1 이후 가출	확인 불가	경제적 빈곤(?) 또래 따돌림 학교 부적응 중1 중퇴

양육자와의 초기 경험

가정환경이 폭력과 뇌 기능 사이의 관계를 완화 시켜 줄 것인가? 아니면 뇌 결함이 심리·사회적 결함과 결합하여 개인을 폭력으로 이끌 것인가?

이와 관련해서는 펜실베니아대학교 신경범죄학자인 에이드리언 레인 교수 등의 연구가 대표적이다.

불우하지 않은 가정환경을 경험한 살인범은 학대, 방임, 가정폭력으로 인해 불행한 양육 경험을 한 살인범에 비해 우측 안와전두피질

152

기능에서 14.2% 감소했다.* 아동 때 정서적 학대를 받은 폭력 범죄자는 측두엽 기능이 떨어졌다.

중요한 것은 아동학대 경험을 가진 폭력 범죄자는 대조군과 비교하면 더 큰 뇌 기능장애를 가졌다는 것이다.* 즉, 학대 없이는 뇌 손상도 없었을 것이다. 초기 건강요인이 또 하나의 원인이 될 수도 있다. 산소결핍, 특히 뇌 발달에 중요한 역할을 하는 단백질 부족, 임신 기간에 기아로 인한 저 단백질 공급은 사이코패스 발달에 큰 영향을 주는 것으로 보인다.*

그 외 태아 알코올 증후군은 뇌량의 구조적 기능 이상과 관련성이 있다. 특히, 임신 중 흡연으로 인한 태아 뇌의 산소 감소는 전두엽 부피를 얇게 하여 뇌 기능 전반에 영구적인 손상을 일으킨다.* 이 모든 것이 사이코패스의 폭력성과 관련성이 있는 뇌의 영역이다.

어느 정도 성장한 6세 이상의 아이에게서 뇌 기능 활성화 방법을 찾기 어려웠다. 어떤 연구에서는 2년 동안 3~5세 아이에게 꾸준한 영양, 신체 운동 및 교육, 다양한 프로그램 이후 더 나은 뇌 기능을 보였고, 17세 후기 행동 장애는 감소했다. 그러나 적절한 신체 운동과 이를 활성화하는 프로그램은 긍정적으로 해마의 성장과 균형에 영향을 미쳤다.

따라서 전두엽 부근의 결함이 동반되는 어린 사이코패스에겐 인지, 운동 기술 훈련을 정기적으로 실시하는 것이 전두엽과 선조체의 활성을 일으킬 수 있다. 에이드리언 레인 등은 뇌 결함 교정에 뇌 수술을 제기한다. 이를테면 줄기세포를 주입하여 해마를 키워 인지능력을 향

상하는 방식이다. 하지만 윤리적 문제가 대두되면서 아직 해결해야
할 난제로 꼽히고 있다.

사이코패스가 사용하는 언어

사이코패스의 말투가 좀 이상하다면 왜 사이코패스가 하는 말에 사
람들이 혹하는지···. 내 가족, 친구, 이웃을 조종하고 속여 넘기는 능력
이 그렇게도 뛰어난 걸까? 여태껏 사이코패스가 말할 때 보이는 비일
관성을 우리는 왜 잡아내지 못했을까? 사이코패스의 말에 녹아 있는
이상함은 너무나도 미묘해서 일반인들이기 알아채기에는 어렵다. 왜
냐면 그들은 늘 그럴싸한 모습으로 다가오기 때문이다(Hare, 1999).*

일반인과 분명 다른 언어적 패턴을 찾아보기 위하여 제프리 핸콕은
사이코패스 살인범 14명으로부터 자신의 살인 범죄 상황을 구체적으
로 기술하고, 제출하게 했다. 그 자료의 텍스트를 언어분석 프로그램
을 이용하여 내용을 분석했다.*

그들은 범죄 상황을 기술하면서 특정 단어 이를테면 "그래서, 왜냐
면, 그러므로, 그리고, 하지만, 그로 인해, 당연히" 등의 불필요한 종속
접속사를 많이 사용했다. 살인에 이르게 되는 과정을 설명하면서 자
신이 저지른 범죄가 일종의 계획에 의해 논리적으로 발생한 결과 혹
은 당연히 목적으로 달성하기 위해 이루어져야만 하는 어떤 것으로
보았다.

간힌 지 십 년이 넘었음에도 사이코패스는 자신의 살인을 이미 계획되어 이루어진 목표지향적인 행동으로 인식하고 있었다. 자기중심의 물질적 기본 욕구와 관련된 단어 중, 음식, 옷, 성, 돈, 안식처·집 등을 구매하는 데 보통 살인범보다 2배가량 더 쓴 반면 일반 살인범은 가족, 사랑, 종교·영성 등과 관련된 관계적 혹은 사회적 욕구를 나타내는 단어 빈도가 더 높았다.

비-사이코패스 살인범은 자신의 범죄로 인해 주변 가족과 피해자 가족에 부정적 영향을 주었는지 이해하고 있었다. 반면 사이코패스 살인범은 종교적 경험과 신앙 혹은 사회적 연결과 결합에 대한 능력이 부족했다. 살인 당시 범죄 자체와 이로 인해 경험한 자신의 심리적 욕구 충족을 차갑고 냉담한 방식으로 기술했다.

끔찍한 사건을 설명할 때 아주 차가운 어조로 진술했고, 절제된 감정적 단어를 사용하며 살인을 기술했다. 사이코패스에겐 폭력 자체는 단순히 덜 감정적으로 느껴져 감정적 부정성과 본질에서 어두운 성향을 반영한다. 또한, 수감시설에서 자신의 기본 욕망과 스릴 추구 욕구를 제어해야 하는 상황에서 발생할 수 있는 일반적 감정 상태를 잘 보여 준 듯하다.

특이한 점은 "음, 어, 에" 등과 같은 불연속 첨가어를 쓰며 말을 더듬는 경향을 보였다. 강렬하면서도 감정적 사건을 타인에 기술하는 것이 사이코패스에겐 상대적으로 어렵게 느껴졌을 수도 있다.

연구에 따르면 자신의 범죄를 미화하고 이를 꾸며내기 위해 생각하면서 말하기 때문에 인지적 부하가 걸려 나타난다고 한다.* 따라서 사이코패스 살인범은 특정 사건 혹은 실제 발생하지 않은 일의 특정 부분을 과시적으로 보이고자 진술 자체가 중언부언하거나 논리적 일관성이 떨어진다. 다양한 연구에서 사이코패스의 말더듬증 현상은 자주 언급되고 있다.*

살인과정을 설명하면서 현재 시제를 덜 사용하고 과거 시제를 두드러지게 사용한다. 마치 자신이 한 일이 아니라 다른 사람의 이야기를 하듯 객관적인 사건으로 거리감을 두어 기술한다. 과거 시제는 감정적 거리감을 두어 이런 경험이 이미 그들의 기억 속엔 드라이할 수도 있다. 살인과정을 설명하더라도 감정적 수준이 얕고 강렬하지 않았다. 최근의 문제와 관련성이 거의 없거나 그들에겐 일상적으로 경험되는 것들이게 강렬하지 않다. 사이코패스는 주변 가족이나 피해자에 대한 공감력과 죄책감이 부재하기 때문이다.

두 번째 연구는 일반적으로 사회연결망, 페이스북, 트윗에 남긴 글을 바탕으로 분석한 내용이다.

핸콕은 SNS를 사용하는 학생을 대상으로 연구했다. 가장 중요한 핵심은 사이코패시 성향이 높은 학생이 대인관계에서 분노와 관련된 단어와 가학적 언어를 더 많이 사용한다는 것이다.* 사이코패스 성향이 높은 사람의 경우 심리적 거리감이 있는 글을 남겼고 덜 포괄적인 온라인 대화를 남겼다.

구체적으로 살펴보면 대화 상대의 이름을 덜 언급하거나, 심리적 거리감을 느끼게 하거나, 텍스트를 불완전하게 제시하거나, 모욕감, 분노와 맹세 어절과 같은 적대적 단어를 비교적 많이 사용했다.

한마디로 사이코패스에게 단어는 그냥 단어일 뿐, 화자의 태도나 분위기에서 느껴지는 뉘앙스를 모르는 듯했다. 자신이 말하는 내용과 정서를 적절한 수준에서 연결 짓지 못했다. 표현 중에 정서적 혹은 비정서적 개념을 언급할 때도 구분 없이 같은 유의 단어를 아무렇게나 혼용하여 사용했다. 재미나는 것은 사이코패스 성향이 높을수록 온라인이나 오프라인에서 미완성의 텍스트를 만들어낸다는 점이다. 구문의 일관성이 결핍되어 있거나 말 중간마다 말더듬증 단어를 보이는 방식은 이전 연구와 일치했다.*

그리고 상대방에 대한 분노와 맹세 어절 단어가 눈에 띄었다. 이런 단어는 타인에 대한 조종, 냉담함과 연관되어 행동통제 부재와 관련성이 깊다.

예를 들어 사이코패스 성향이 높았던 어떤 학생은 전자 우편으로 "다시는 너랑 아무것도 이야기하고 싶지 않아. 이제 너랑 말하는 게× 같았거든 이제 너랑 끝나서 기뻐." 혹은 "죽음, 지겹다, 다시 싸워볼까, 모두가 밉다." 등의 단어를 자주 사용했다.

대체로 사이코패스 성향이 높은 학생이 다른 사람에게 부정적 정서의 단어와 욕설, 비속어 등을 섞어 사용했다. 하지만 온라인상에서는 상대적으로 대화 과정을 통해서 얻은 텍스트보다 화와 적대적 단어, 욕설 등이 다소 낮게 나타났다. 온라인 상황에서는 대중적인 관심과 이미지 관리를 위해 자기 통제가 이루어지는 듯 보인다.

《진단명; 사이코패스》,《우리 주변에 숨은 이상 인격자》에서 헤어는 다양한 분야의 임상가들이 사이코패스에 관해 설명했다. 본 연구의 결과와도 일맥상통한다.

대표적으로 존스와 쿠웨이는 가사는 알지만, 음악은 알지 못한다. 그랜트는 함께 나누고 이해하는 상호관계를 정서적으로 이해하지 못한다. 오직 단어의 사전적 의미만 알 뿐이다. 존슨은 자신에게 아무런 의미도 없는 단어를 근거 없이 자유자재로 구사한다. 그럴듯한 판단력과 사회적 감각을 가진 것처럼 보이지만 모든 것이 그저 말뿐이다.

트위터에 올라온 글 분석을 통해서 어떤 사람이 사이코패스 성향인지 투박하지만, 조심스럽게 추정해 볼 수 있다. 최근에 마리나 교수는 21명의 사이코패스를 면담하면서 나온 언어적 특징을 조사했다.* 여기서 소위 말더듬증을 가장 많이 보였는데 대표적인 것이 'you know'이다. 번역하자면 "음, 에, 그러니깐, 있잖아, 그러니깐 말이야"라는 말이다. 다음으로 고유명사 대신 인칭대명사 '그것, 저것, 저 사람, 이 사람'이라고 하거나 욕설로 특정인을 지칭하는 경우이다. 그리고 감정적인 과정이 포함된 단어 사용이 훨씬 적었다. 마리나는 사이코패스를 진단하는 PCL-R도 살펴보았는데, 높은 사이코패스 점수를 예측하는 언어 패턴으로는 불안과 관련된 단어는 빈도수가 낮았으며 인칭대명사를 빈번하게 사용했다고 한다.

사이코패스
악의 연대기

주여 악한 자가 교만하여 가련한 자를 심히 압박하오니 그들이 자기가 베푼 꾀에 빠지게 하소서. 악인은 그의 마음의 욕심을 자랑하며 탐욕을 부리는 자는 여호와를 배반하여 멸시하나이다.

- [시편 10장 3~4절]

사이코패스의
역사와 기원

스위스 정신과 의사인 아돌프 구젠블-크레이크는 사이코패스를 소위 '공허한 영혼들'이라고 이야기했다. 사이코패스와 관련된 문헌의 내용은 동서양을 막론하고 거의 모든 문화에서 나타난다. 성경 구약서, 시편 10장에 보면 아마도 가인과 함께 사이코패스는 시작된 듯 보인다. 정확히 사이코패스라고 명하기는 모호하지만, 사이코패스 성향이 있는 인물은 성경 곳곳에 존재한다.

성경에서 가장 대표적인 인물은 사울 왕의 이야기이다.

사울 왕은 이스라엘의 첫 왕이자 흥미로운 인물이다. 수려한 외모와 매력적인 인물로 묘사되지만, 성질이 포악하며 공감력이 떨어지고 통제가 힘든 자기중심적인 성격이다. 사울은 다윗에 강한 집착을 보이면서 시기와 질투를 보인다.

그 외 헤롯왕이 사이코패스 특질을 상당 부분 보인다. 자기 아들을 죽인 잔인한 정치가이자 베들레헴과 그 근처에 있는 아기들을 모두 죽이라고 명령한 학살자이다.

아리스토텔레스의 제자인 테오프라스토스는 사이코패스를 부도덕한 이라 칭한 바 있다. 그에 따르면 이런 유의 사람은 공감과 양심이 없는 사람으로 단순화하여 표현했다. 타인과 어울리지 못한다고 했다.

그리스와 로마 신화에서는 메데이아가 가장 명확해 보인다. 그녀는 신화 속의 인물로 악녀이다. 자신 남편이었던 이아손이 자신을 배신하고 글라우케와 결혼하려 하자 결국 그녀를 독살하고 자신의 남편인 이아손 사이에서 낳은 친아들마저 직접 죽여 남편에게 복수했다.

눈물을 흘리며 나는 내가 저지를 참혹한 일을 생각한다.

나의 아이들을 죽여야만 하는 내 숙명이여

누구도 이 아이들을 구해주지 못하리라.

이아손의 이 핏줄들을 없애버린다면

내가 가장 사랑하는 아이들을 내 손으로 죽이는 이 무서운 죄는

나를 이 나라에서 내쫓고 말겠지…….

이제, 내 몸으로 낳은 이 아이들을

살아있는 모습으로는 결코 다시 보지 못하리라.

새 신부도 그에게 새 아이들을 낳아주지 못하리라.

그녀는 이제 곧 죽어야 할 목숨이니까.

– 에우리피데스 《메데이아》에서 인용

《천일야화》에 나오는 샤하이야 왕과 섹스피어의 〈리처드 3세〉 미친

왕이나 가장 무서운 복수극《타이터스 앤드로니크스》에 나오는 타모라(Tamora)의 연인이자 핵심적인 정적인 애론드무르(Aaron the Moor)을 비롯하여 17세기 중국의 장편 소설《금병매Jin Ping Mei》의 탐욕스러운 상인 시멘 청에 이르기까지 동서양을 막론하고 다양한 모습의 사이코패스를 우리는 문헌에서 어렵지 않게 찾아볼 수 있다.

제프리 초서가 14C 중세 유럽 순례자들의 삶을 들려주는 운문《캔터베리 이야기》에서도 사이코패스 인물의 특징을 면면히 찾아볼 수 있다.

알래스카 북서부 소수 민족 유픽과 이누이트(Inuit)는 소위 사이코패스를 지칭하길 '쿤렌제타(Kunlangeta:무엇을 해야 하는지는 알아도 하지 않는 마음)'라고 했다.

알래스카에서 이 단어를 반복하면 '거짓과 속임수를 일삼고 사냥은 가지 않으면서 다른 사람이 사냥으로 마을을 비울 때 다른 유성을 유인하여 성적 유희를 즐기는 사람이지만, 마을 연장에 끌려가 처벌을 받고 질책에 아랑곳하지 않는 자'라고 문화 인류학자인 제인 머피는 말했다.

아프리카 나이지리아 소수 민족 요루바인(Yoruba)은 이들을 '남에 대한 일말의 배려도 없는, 자기 마음대로 행동하고 무리와 협력하지 않으며 악의 찬 고집 센 인간'이라 했다.

1800년대 사이코패스 성격을, 정신병리를 나타내는 병리적 행동을 포괄적으로 담고는 있으나 정신장애 범주로 분류하지는 않았다. 하지만 1930년대에 소시오패시라 불리면서 사회가 요구하는 기준에 부응하지 못하거나 적응이 어려운 병적 증상으로 다루었다. 이후 50년 정도 위험한 수준에서 지속적인 범법자를 사이코패시 혹은 소시오패스라 명명했다.

연구자들 간에 일관성과 명확성은 존재하지 않았다. 많은 부분 정신의학적 진단은 일종의 환자인 무의식의 충동과 동기에 근거하여 주관적인 추론으로 판단하거나 체계적이지 못한 관찰이나 증상에 기반을 두고 있었기 때문이다.

그러나 1994년 DSM-Ⅲ, DSM-Ⅳ를 통해 필자의 기대에 한참 미치지 못하지만 나름 객관적이고 비 추론적인 기준이 마련되었다. 이 또한 대부분 데이터 통계 분석과 검증이 아니라 정신의학자 위원회의 합의 의결 과정을 통해 정해졌을 뿐이다. 현재의 DSM-5는 내 반사회성 성격장애 내 일부 사이코패스 증상이 포함되어 있어 불완전한 진단 기준을 갖고 있다.

19세기의 사이코패스 개념의 시작

19세기 사이코패스의 대표 학자는 피넬과 프리차드이다. 이들 두 학자는 반복적인 폭력 행동을 행동 불통제(dyscontrol), 무모함과 충동성을 연결하고자 시도했다.

프랑스의 사이코패스 개념 진화 – 필립 피넬*
처음으로 사이코패스를 세상에 내놓은 학자는 19세기에 활동한 프랑스 정신학자인 필립 피넬이다. 피넬은 정신병 환자의 인권과 관련된 문제에서 모든 환자에 대하여 인도적으로 치료받으며 보호받아야 한다고 주장했다. 당시에는 혁신적인 주장이자 시도였다.

피넬은 그의 환자 중에 동물을 발로 차서 죽이면서 아무렇지 않게 생각하는 것을 보고 다른 환자와는 다른 측면을 가진 것으로 생각했다. 이들에게서는 특별히 지적 손상이나 정신병 증상이 없는 데 스스로 통제하지 못하는 상황이었다.

그는 1801년 이런 상태를 최초로 설명하기 위해 「정신장애 또는 조증에 관한 의학과 철학적 논문」에서 '정신 착란·망상·섬광 없는 광기(manie sans delire)'라는 단어를 사용했다.

이들 특성은 잔혹함·무책임·도덕심이 없는 특질을 나타내는 행동 장애를 포함하는 소위 '격앙됨이 보이지 않는 조증 상태'로 서술했다.* 피넬은 습관적으로 자기 중심적이며 반사회적 행동을 반복해서 보이지만 정신적 질병의 증상을 보이지 않는 사람을 구별해 낼 필요성을 강하게 제기했다.

피넬은 다른 정신증을 보이는 환자와 다르게 이들을 '지적이나 심리적으로 혼동 없이 일어나는 도덕적 정신병자'라고 분류했다. 따라서 지적장애나 인지적 장애가 없으면서 정서성과 사회적 상호작용에서 기능적 문제를 보이며 감정 통제와 충동성에 강한 손상을 지적했다.

영국의 사이코패스 개념 진화 - 프리차드, 핸드슨, 크래프트*

영국의 정신의학자인 프리차드는 이런 유의 사람을 종교, 도덕, 문

---

6 Traité médico-philosophique sur l'aliénation mentale, ou la manie. 섬망이 없는 정신적 혼란 또는 정신이상에 대한 의학적 철학적 논문

화와 사회의 기대에 부합하지 못하고 순전히 혼란스러운 상태를 지닌 '뻔뻔함'으로 묘사 했다. 이후 사이코패스를 일종의 '정서적 정신병 (moral insanity)'이라 표현했는데 지능에는 문제가 없지만 다른 장애가 있는 '이상한 집단 장애인'이라 다시 명명했다. 이 용어는 공공 및 의학 의료업계에서 반세기 동안 사용되었다.

1874년 모즐리라는 정신의학자는 「정신병의 책임능력」을 통해 '합리적 의사결정(reasoning) 장애가 없이도 단순히 충동적으로 범행을 하는 일도 있다면 책임능력 감소를 인정해야 한다'고 주장했다.•

1939년 정신의학자인 핸드슨은 사이코패스를 '기질적 이상성'이라고 언급했다.• 특히 부적절성과 공격성 두 가지 유형으로 구분했는데 오늘날 영국에서 사이코패스를 '비정상적으로 공격적이거나 무책임한 행동'을 지닌 존재로 보는 관점과 닿아있다.

1966년 크래프트는 사이코패스를 비사회적 행동으로 정의하면서 일차적 수준에서 공감력 결핍과 충동적 행동을, 이차적 수준에서는 공격성과 후회감과 양심의 가책 결핍, 경험을 통한 학습 불능, 변화 동기 결핍으로 세분화 했다.•

독일의 사이코패스 개념 진화; 코크, 에밀 크레펠린, 커트 슈나이드

1888년 독일의 정신과 의사인 코크는 프리차드가 제시한 정서적 정신병이 증명되기 어려운 부정적 함축성을 지니고 있다면서 사이코패스(psychopastiche)라는 용어를 최초로 인용했다. 현대 사이코패시 성격장애 개념의 직접적 유래라고 볼 수 있다.

그에 따르면 사이코패스는 기질적으로 타고나 인자에 의해 태어나면서 출발한다고 보았다. 이를 '기질적 혹은 타고난 사이코패시(constitutional psychopathy)'라는 용어를 사용하면서 1900년대 영미와 프랑스 등 초기 문헌에서 폭넓게 받아들여지며 장애의 한 유형으로 인정받기 시작했다.

코크가 주장한 개념인 사이코패시 열등성(psychopathic inferiority)은 사이코패스가 갖는 의미를 이중적으로 나타내는데 '비도적이고 사회에 악영향을 끼치며 기능적 문제를 일으키는 존재'로 해석할 수 있다.•

하지만 애석하게도 코크가 주장했던 사이코패스는 지나치게 넓은 수준의 성격장애 특성을 아우르고 있다. 자살시도나 우울 등을 보이는 사람도 일종의 사이코패스라고 볼 정도로 과도한 정의를 내렸고 사이코패스가 갖는 도덕적 기능 손상의 중요성을 희석시켜 버렸다. 그래서 1920년대 무렵 일반적으로 사이코패스라는 용어는 정신과에서 이상심리를 가진, 부끄러워하고 불안정하고 우울하고 약한 기질을 가진 모든 사람을 통칭했었다.

20세기 초에 들어서면서 독일 의학자 에밀 크레펠린은 하이델베르크 대학교 교수가 된 이후, 그가 진찰한 환자 기록을 기반으로 정신장애인을 분류했다. 이를 근거로 1913년 《정신의학》이라는 교재를 집필했다. 사이코패스를 몇 개의 범주로 크게 분류하여 흥분형, 불안정형, 괴짜 형, 도덕적 거짓말쟁이 형, 사기꾼 형, 시비조의 다툼 형으로 세부화 했다.

크레펠린의 영향을 받은 커트 슈나이더는 1923년 《사이코패시 인격》에서 〈창녀에 관한 성격 연구〉를 발표하며 사이코패시의 옳고 그름에 관한 가치평가에서 벗어나 정상적인 인격의 관점에서 이들을 이해하고자 처음 시도했다.

사이코패시를 자기 스스로 고통을 경험하거나 타인에게 유해를 끼칠 수 있는 성격장애로 한정시켜 그 개념을 정립했다. 그래서인지 슈나이더는 사이코패시를 정신장애로 분류하지 않았다. 그는 이상 인격 자체를 옳고 그름이라는 이분법적 가치평가에서 벗어나 통계적 입장에서 평균 범주에서 벗어난 차원적 상태, 예컨대 일종의 이상성(abnormal) 혹은 이상 인격(abnormal personality)이라고 보았다.

슈나이더의 독특한 주장은 반드시 사이코패스를 갖고 있다 해서 범죄자라고 할 수 없다는 것이다. 이들 중 창조적이거나 기발한 아이디어를 내는 사람이 있고 거짓과 기만, 타인을 조종하는데 능하므로 사회적으로 성공을 거두는 경우도 흔하기 때문이다. 슈나이더의 주장은 현재 사이코패스 연구자, 허비 클렉클리와 크리토퍼 패트릭의 관점과 비슷한 듯하다. 사이코패스의 성향을 차원성(dimensionality)으로 보고 모든 사람이 일정 부분 이차원의 어느 지점에 놓여 있으며 그 지점이 특별한 기능적 손상을 보이지 않으면서도 성공적으로 이바지하는 특질로 나타날 수 있다는 점이다.

북미의 사이코패스 개념 진화; 러시, 패트리지, 허비 클렉클리, 로버트 헤어

1812년 정신의학자인 벤자민 러시는 사람들이 정신질환으로 인해 비난받을 행동이 보인다고 보았다. 사이코패스의 비사회적이고 비도덕적인 행동에 초점을 두어 강조했다.

뒤이어 1903년 아돌프 마이어는 사이코패스를 소위 기질적 열등성(constitutional inferiority)로 표현하며 유전과는 달리 초기 형성된 인격특성이 고착되었다고 보았다. 이를 의식해서인지 이후에는 '사이코패스 인격'으로 수정하여 지칭했다.

1903년 패트리지는 정신적인 부적응 차원보다는 '사회성'과 연관된 사이코패스로 이해하고자 했다. 사이코패스라는 용어 대신 소시오패시라는 용어로 대체하자고 학계에 제안했다.* 그에 따르면 소시오패스는 "정상적인 교육 혹은 처벌로 수정되거나 사회적으로 바람직한 행동으로 교정할 수 없는 지속적 비적응 상태"라 보았다.* 이후 자연스럽게 북미에서는 사이코패스는 소시오패스, DSM(정신장애의 진단 및 통계편람)의 반사회적 성격장애와 같은 의미로 혼용한다.

허비 클렉클리는 미국 조지아주 오거스타에 있는 조지아 의과대학교 정신과 교수로 재직하면서 1941년《정상의 가면》을 통해 사이코패스 관한 그의 생각을 현대적인 개념으로 정립했다.

그는 지역 사회 기관에서 다양한 사이코패스 연구를 진행하면서 임상 연구와 실제 개별 사례를 바탕으로 사이코패스에 관한 구체적인 특징을 발견했다. 그의 책 제목을 보면 클렉클리는 사이코패스가 '위험하다고 생각되는 증상을 감춘다'라는 의미에서 정상적인 사이코패스의 마스크 혹은 가면을 제언(提言)했지만, 실제 증상에서 심각한 기능적 결함이 없는 상태이다. 외현적으로 나타나는 증상에서는 특별히 정신이상과 정신병적 증세가 없음에도 자신과 타인의 감정을 읽거나 이를 표현할 수 없는 이상적 행동을 말한다.

따라서 클렉클리는 기능적 사이코패스 혹은 성공적 사이코패스와 관련된 특성을 처음으로 언급한 셈이다. 가장 최근 1976년 그가 정의한 사이코패스 특징들은 아래와 같다.

① 피상적인 매력과 좋은 지능

② 망상은 부재하되 분별없는 사고의 증상들

③ 신경증 또는 정신증 징후의 부재

④ 신뢰할 수 없음

⑤ 거짓 또는 불성실

⑥ 양심의 가책 또는 수치심의 결여

⑦ 부적절하게 동기화된 반사회적 행동

⑧ 판단력 부족과 경험으로부터 학습하지 못함

⑨ 병적인 자기중심성과 사람에 대한 무능력

⑩ 주요 정서적 반응의 일반화된 결핍 현상

⑪ 통찰력의 부족

⑫ 대인관계의 둔감함

⑬ 취중, 혹은 취중이 아니더라도 터무니없고 용인되지 않는 돌발적 행동

⑭ 자살 가능성 부재

⑮ 비인간적이고 통합적이지 않은 성생활

⑯ 인생 계획을 수립하여 따르지 못함

출처: 정상의 가면, 필자가 일부 의역을 함

172

위 증상을 자세히 보면 알겠지만 클렉클리가 주목한 증상은 바로 '정서성(affective)'이다. 비유하자면 감정적 치매(semantic dementia)라고 할 정도로 감정 수준에서 치명적 문제를 보인다. 타인과의 정서 경험 자체가 둔감하고, 가뭄에 말라 갈라 비틀어진 땅바닥을 연상하듯 메마른 상태라고 표현한 점이 흥미롭다.

이후 그의 연구는 〈DSM: 정신장애의 진단 및 통계 편람〉 초판에 반영되었다. 미국정신의학협회(APA)는 1952년 사이코패스 증상과 명칭의 불필요한 논쟁과 확산을 막고 모호성에서 벗어나기 위해 사이코패스 대신 공식적으로는 '소시오패스'라는 용어를 채택하여 대안적 용어로 사용했다. 혹은 소시오패스시 성격장애, 반사회적 반응으로도 불렸다.

〈허비 클랙클리〉

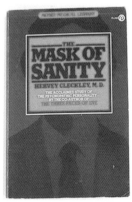

〈정상의 가면(The Mask of Sanity)〉

9 https://en.wikipedia.org/wiki/The_Mask_of_Sanity

https://exploringyourmind.com/hervey-cleckley-the-father-of-psychopathy/

이후 APA(1968)는, 소시오패스를 성격장애, 반사회성 성격장애는 유년기나 초기 청소년기에 발병하여 성인기까지 지속한다고 했다. 또한, 타인에 대한 폭력행사나 타인의 권리를 무시하는 성향과 지속적인 범죄자와 유사하다고 정의했다.•

이후 수정 출판된 DSM-IV판에서는 공감과 후회의 결핍이 추가되어 사이코패스의 '정서성' 문제를 더욱 부각했다. 아쉬운 점은, DSM은 '적어도 18세 이상'이어야 한다는 단서 조항을 달아, 소아청소년기에 대한 문제행동과 사이코패스의 연속성을 인정하지 않은 점이다.

지금까지의 연구를 보면 사이코패스 기질은 3~5세 유아기를 걸쳐 아동기, 성인으로 이어지면서 지속하여 문제를 보이는데, DSM은 이런 초기 아동의 행동 특징을 해당 기준에 포함하지 못한 제한점이 있다. 15세 이전 품행 장애라는 다른 독립적 질환으로 범주화시켰다.

아래는 DSM-5의 B군 성격장애 중의 하나인 반사회적 성격장애의 특징을 기술하고 있다. 이 성격장애는 타인의 권리를 무시하고 침해하는 광범위한 행동 양상과 관련이 있다. 아래 특성이 15세부터 시작되고, 다음 7가지 중 3개 이상의 항목이 충족되어야 진단이 가능하다.

① 법에서 정한 사회적 규범을 지키지 못하고, 구속당할 행동을 반복적으로 나타낸다.
② 자신의 이익이나 쾌락을 얻기 위해 거짓말을 반복적으로 하고 가명을 사용하고 또는 타인을 속이는 사기성을 나타낸다.
③ 충동적이거나 또는 미리 계획을 세우지 못한다.

④ 빈번한 육체적 싸움이나 폭력에도 드러나는 것과 같이 호전성과 공격
성을 보인다.

⑤ 자신이나 타인의 안전을 무시하는 무모성이 있다.

⑥ 일정한 직업을 갖지 못하거나 빌린 돈을 갚지 못하는 지속적인 무책
임성을 보인다.

⑦ 타인에게 상처를 입히거나 학대하거나 절도하고도 무관심하거나 합
리화하는 등 양심의 가책이 없다.

출처: DSM-5, 한국판

가장 큰 문제는 DSM-5에서 말하는 반사회성 성격장애라는 개념
과 로버트 헤어, 허비 클렉클리가 사이코패스로 진단하는 핵심 개념
간에는 여전히 괴리가 존재한다.

DSM 계열의 반사회성 성격장애 개념은 대략 미국 수용시설의
80% 재소자에게 적용할 수 있지만 그렇다고 해서 반사회성 성격장애
를 갖고 사람이 모두 사이코패스는 아니다. 이들 중 1/3가량만이 사이
코패스 진단을 받을 가능성만 있다.

로버트 헤어 교수의 PCL 시리즈와 비판

범죄형 사이코패스 진단과 평가에 지대한 영향을 준 역사적인 학자
는 캐나다 브리티시콜럼비아 대학교 심리학과 로버트 헤어 교수이다.

헤어 교수는 대인 관계(interpersonal)와 정서성(affective)으로 이루어진 1 요인과 생활양식 혹은 충동성(lifestyle)과 반사회성(antisocial)으로 이루어진 2 요인으로 구분하여 사이코패스 개념을 구조적으로 정교하게 다듬었다.

클렉클리의 기준과 앞서 연대기적으로 언급한 피넬, 러시, 카프만과 버스, 맥코드, 크레프트 등이 제시한 임상적 사례와 이전 연구 등을 기반으로 사이코패스를 하향식으로 개념화했다.

국내외적으로 30년간 이 개념을 기반으로 한 PCL-R에 대한 연구를 진행하고 매년 수천 편의 국제(SCI/SSCI) 저널 급의 논문을 쏟아내면서 이론적 근거와 평가의 신뢰성이 탄탄함을 입증하고 있다. 그의 대표적인 명저로는 1970년 간행한 《사이코패시: 이론과 연구(psychopathy: theory and research)》가 있다.

하지만 앞서도 필자가 언급했지만 최근 쿡(Cooke) 교수와 그의 제자 미키(Michie)에 의해 상당한 도전을 받고 있다.* 이 두 사람에 따르면 PCL-R이 범죄성(criminality)을 지나치게 강조하고 있기에 일반적인 범죄 행동을 보이는 수많은 사람을 사이코패스로 잘 못 진단할 가능성이 있음을 제기했다.

그뿐만 아니라 기관 수용시설 이외 일반인에게 적용이 힘들고 성격장애의 결과인 일탈적 범죄 행동을 다수 포함함으로써 순환론적(tautology)인 오류에 빠져들게 한다는 지적을 받는다.

그러다 보니 일반 사람들에게 사이코패스라는 단어로 명명하기 쉬워져 낙인효과를 일으키며 지나치게 범죄행동과 범죄심리적 메커니

176

즘을 단순화하게 된다. 예컨데 '그럴만한 사람이 그런 행동을 했다'라는 식의 기본적 오류를 보일 뿐 아니라 범죄행동의 역동적 성격, 환경과 맥락을 지나치게 과소평가했다는 것이다.

더 큰 문제는 PCL-R의 일부 문항(증상)은 예를 들어 '자만심', '무책임성', '행동 통제력 부족' 등은 조병 혹은 중증 조병 등의 증상과 명확하게 차이를 보이지 않을 뿐 아니라 허비 클렉클리가 제기한 핵심 증상인 '불안감 결핍(lack of anxiety)'이 빠져 있다는 것이다.

헤어는 1980년 처음으로 사이코패스 체크 리스트(PCL)를 제작했다. 이후, 쿡 등의 비판에 일부 문항을 추가하여 20문항으로 구성된 사이코패스 체크리스트 개정판(PCL-Revised)을 내놓았다.•

1 요인		2 요인	
단면 1: 대인관계	단면 2: 정서성	단면 3: 생활양식	단면 4: 반사회성
1 입심 좋음	6 후회나 죄책감 결핍	3 자극 욕구/ 쉽게 지루해함	10 행동 통제력 부족
2 오만함	7 피상적 감정	9 기생적 생활양식	12 어릴 때 문제행동
4 병적 거짓말	8 냉담 / 공감 능력 결여	13 현실적이고 장기적인 목표 부재	18 청소년 비행
5 남을 잘 속임 조종함	16 자신의 행동에 대한 책임감 못 느낌	14 충동성	19 조건부 석방 혹은 유예의 취소
		15 무책임성	20 다양한 범죄력

출처: 로버트 헤어, 한국판 PCL-R 전문가 지침서 p.26. 필자가 일부 수정

총 40점 중 30점 이상이면 사이코패스라 진단한다. 미국의 기준으로 보면 수형(受刑) 시설 남성 재소자의 PCL-R 평균 점수는 22점이다. 미국 전체 재소자의 15~25% 정도가 사이코패스이다. 여성 사이코패스의 경우 평균 점수는 다소 낮은 19점이다.

국내에서는 2008년 조은경과 이수정이 처음으로 국내에 표준화했으며 한국에선 통상 25점 이상이 되면 사이코패스 성향이 '평균이상'라고 말한다. 하지만 필자의 연구에서는 23점 이상이면 사이코패스라 이야기 한다. 주의해야할 점은 평가 전문가의 인종, 문화, 태도, 사회적 배경, 성별, 가치관 등이 특정 문항(예, 공감 능력 결여, 입심 좋음)에 영향을 줄 수 있으므로 평가자의 특성과 개별 문항간의 상호작용에 대한 추가 연구가 필요하다.

이 후 헤어 교수와 제자들은 PCL: 청소년 버전(PCL: YV)과 PCL: 스크리닝 버전(PCL: SV) 등을 이어서 개발했다. 하지만 청소년을 대상으로 평가하는 PCL: YV도구는 추천하지 않는다.

최초의 사이코패스 유형과 낮은 공포가설

행동유전학자인 데이비드 리켄은 낮은 공포가설을 주장했다. 사람에게는 일종의 공포나 불안 감정이 부족하므로 충동성과 폭력성이 나타난다고 보는 관점이다. 이에 기초하여 사이코패스와 소시오패스를 각각의 다른 기저 원인에 있다고 보고 서로 다르다고 판단하고 있다.•

사이코패스는 유전적인 특성과 관련되어 있으며 기질적 특성은 사회화되지 못한다고 보았다. 어떤 학생은 두려움이 결핍되고 언제나 충동적이며 격렬하게 화를 내는 습관이 있는 경우, 일반적인 부모라면 분명 이를 통제하는 데 어려움이 있을 수밖에 없다.

하지만 소시오패스는 반사회성 성격장애를 앓는 자들이 많은 수를 차지하고 있으며 만일 정신적으로 건강하고 사회적으로 유능한 소위 사회화된 부모를 만나 적절하게 양육 받았다면 이들도 충분히 생산적인 소시민으로 성장할 가능성이 크다.

하지만 소시오패스의 경우 실제 만나는 부모들이 경제적으로 무능하며 지적 수준이 떨어지고, 사회화되지 못한 경우가 많아서 최소한의 교육을 받지 못한다. 따라서 방임되거나 학대받기에 십상이고, 부모 세대가 갖는 문제들을 같이 물려받을 가능성이 상당하다. 하층민들의 암울한 환경에서 벗어나지 못한 자녀는 그와 비슷한 길을 걷게 된다.

대다수의 반사회성 성격장애를 앓는 범죄자는 소시오패스로 이들의 비율은 점차 증가하고 있다. 우리 가정의 안녕과 질서를 계속 위협하고 있다.

앞서 짧게 언급했지만, 하버드대학교 정신과 교수였던 벤자민 카프먼은 1941년 사이코패스를 크게 두 가지 다른 경로로 구분했다. 일차적(Primary) 사이코패스와 이차적(Secondary) 사이코패스이다.•

일차적 사이코패스일 때 주로 유전적 경향성에 의해 나타났고 이차적 사이코패스는 환경적 요인이 영향을 준 것으로 설명한다. 뉴먼 등에 따르면 이차적 사이코패스는 불안감이 높은 수준에 있지만, 일차적 사이코패스는 불안감이 낮다고 했다.* 많은 연구에서 실제 불안감이 중요한 조절(moderator) 역할을 하고 있다고는 하지만 아직 두 가지 모델을 구분하기에는 그 증거가 명확하지 않다.

데이비드 리켄은 카프만의 연구에 이어서 이차적 사이코패스를 일종의 '소시오패스'라고 보면서 낮은 사회화 수준으로 인해 범죄를 저지를 가능성이 크다고 보았다.* 특히 부모로부터 받은 환경적 요인이 이 사이코패스에게는 핵심적이다.

마지막으로 리켄은 사이코패스이기는 하지만 부모의 경제력 혹은 재력이 뛰어나 충분한 교육과 사회화 과정을 겪게 한다면 사이코패스이기는 하지만 범죄를 보이지 않으면서 사회에서 사업가나 정치인으로 능력을 발휘하며 살 수 있다고 했다. 이를 소위 '기능적' 사이코패스와 연결 지을 수 있다.

로버트 헤어 교수의 PCL-R의 결점과 대안적 도구

PCL-R 문제점과 대안

이곳에서는 사이코패스 체크리스트에 관한 가정에서 무엇이 잘못되었는지 살펴보기로 한다.

첫째, PCL-R은 모든 좋은 사이코패스 증상을 적절하게 반영하고 있는가?

꼭 그렇지 않다. 앞서도 언급했지만, 이 도구는 과도하게 범죄성에 초점을 두어 개념에 대해 오염 가능성이 있다. 특히, 다른 위험 요인과 사이코패스를 구별하기 어렵게 만든다. 사이코패스만의 고유한 설명 기준을 반사회적 행동으로 희석화 시켜버린 셈이다. 특히, 16개 항목의 클렉클리의 핵심 개념인 불안감과 공포심 부족 등의 증상은 완전히 제외되어 있다.

둘째, 시간의 흐름에 따라 사이코패스를 잘 측정할 수 있는가?

사이코패시 증상은 정도에 따라 치료와 개입이 이루어지게 되며 시간에 따라 점차 변화거나 달라질 수 있다. 아쉽게도 PCL-R은 사이코패스 증상을 전 생애 기간을 기반으로 평가하게끔 되어있어 사실상 증상 변화의 정도를 알아낼 수 없다.

더욱, 범죄의 다양성이나 초기 범죄 행동 등과 관련된 반사회적 범죄 행동의 지나친 의존은 사이코패시 변화 정도를 민감하게 알아내는 데 어려움을 겪게 만든다.

셋째, PCL-R은 사이코패스 개념을 포괄적으로 담고 있는가?

문화와 성별 그리고 나이에 상관없이 적용할 수 있는가이다. 그렇지 않다. 이 도구는 과거 행동에 지나치게 초점을 두다 보니 조건부 석방 혹은 유예의 취소, 어릴 때 문제행동, 다양한 범죄력, 청소년 비행, 기생적인 생활방식 등 오로지 18세 이상의 성인 남성 수용자 집단에만 사용할 수 있다.

따라서 일반 성인, 여성, 어린 청소년을 대상으로 사용할 수 없다. 또한, 문화적 배경이 다른 동양 국가에서 PCL-R을 사용하는 것은 조심스러울 수밖에 없다. 미국보다 집단적 규범이 강조되고 일탈적 행동에 사회적 처벌이 강한 한국에서는 사이코패스 증상이 다른 형식으로 나타날 수도 있고 환경에 따라 심하게 억압될 수도 있다.

주위에 비위를 잘 맞추려는 태도나 자기 잘못을 합리화하거나 피상적 매력을 과장하여 사용하는 등 '조종성(manupulating)'은 한국에서 더 크게 공개적으로 인정받으며 나타날 수 있다.

가장 큰 문제는 PCL-R이 세계보건기구(WHO)에서 권고하는 기능장애와 자체 특질 간의 구분을 따르지 않고 있다.

PCL-R의 모든 문항은 사이코패시에 미치는 영향을 균등하게 보고 있어 항목 간 차이가 변별되지 않는다. 이로 인해 사이코패시에 가장 많은 정보를 제공하는 증상과 그렇지 않은 증상, 기능장애와 특질 간의 불분명한 구분, 증상의 극한성은 임상가의 진단과 개입에 상당한 혼란을 초래 한다.

최근 PCL-R의 한계를 넘어서기 위한 많은 연구를 진행하고 있으며 이를 대체할 수 있는 두 가지 사이코패스 모델을 제시하고 있다.• 크게 삼원 사이코패시 검사(TriPM)와 사이코패시종합평가(CAPP)이다.

삼원 사이코패시 검사(TriPM) : 비열함-대담함-탈 억제성

크리스토퍼 패트릭 교수는 사이코패스 핵심 개념을 크게 비열함 (meanness), 대담성(boldness), 탈 억제성(disinhibition)으로 구분하여 새로운 평가 가능성을 열었다.•

이 TriPM은 앞서 허비 클렉클리가 제시한 16가지의 진단 기준에 기반을 두고 있으며 특히 사회적 유사적응력으로 볼 수 있는 대담성 (달리 말하면 두려움과 불안을 잘 느끼지 않는)과 연결 짓고 있는 것이 특이하다(www.phenxtoolikit.org).

앞서 필자가 '성공적 사이코패스'에서 언급한 것처럼 대담성은 기민한 사이코패스가 갖는 중요한 강점 중 하나이다. 과도하게 반사회성에 기반을 둔 PCL-R과는 달리 TriPM은 불안의 결핍, 대범성, 위험을 감수 하는 등과 같은 사이코패스의 고유한 성향에 초점을 두고자 했다.

따라서 범죄자 집단뿐 아니라 일반인과 여성들에게 사용할 수 있다는 점이 특이롭다. 각 특징에 대해 세부적으로 살펴보도록 하자.

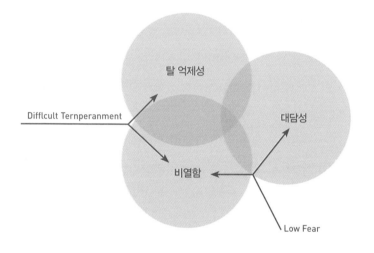

삼원 사이코패스 검사 (출처: 서종한 2018.)

먼저 비열함은 정서적으로 냉담하며 잔혹하고, 과격한 공격성을 갖고, 지나친 자극추구 성향을 보인다. 이는 냉담성과 무정한 성향을 말하는데 주변인에 대한 공감력이 떨어지고 대인관계 민감성이 부족하다. 특히 낮은 공감력, 대인관계 공격성, 파괴적 공격성, 신체·물리적 공격성, 자극추구와 양심결핍 등이 대표적인 증상이다.

탈 억제성은 충동적 성향, 무책임성, 적대성과 화·적의와 관련성이 있다.

마지막으로 대담성은 높은 지배성, 통제감, 낮은 두려움과 모험적 성향과 관련 있다. 기능적 사이코패스에게 흔히 나타나는 특징이다.

이 TriPM은 자신에 대한 성향을 스스로 판단할 수 있는 문항과 타인이 자기 자신에 어떻게 생각하고 있는지를 물어보는 문항을 포함하여 허위가능성을 가능한 줄이고자 했다. TriPM은 전문가들이 사이코패스 정도를 수시로 평가하고 어떻게 치료하고 관리해야 할지 구체적인 정보를 제공해 줄 수 있다는 점에서 유용하다.

가장 큰 특징으로는 PCL이 담아내지 못하는 대담함 혹은 유사하게 스트레스 면역에 초점을 두고 있으며 일반인을 평가할 수 있으며 성별에 상관없이 활용할 수 있다. 필자가 원저자와 함께 국내에서 사용할 수 있게 도구를 표준화했다.●

한계점으로는 자기 보고형식이다 보니 사이코패스의 거짓 반응에 관하여 확인할 수 없을 뿐 아니라 사이코패스라 진단할 수 있는 절단 점수가 없다. 반응자가 질문에 얼마나 왜곡하여 반응하는지 혹은 거짓으로 반응하는지 알 수 없을 뿐 아니라 클렉클리가 지적한 대로 사이코패스는 스스로가 진실 될 수 있는 사람들이 아니라 꾀병의 위험이 있다.

사이코패시 성격 종합평가(CAPP)
: 애착-행동-지배성-정서성-자기-인지

사이코패시 성격 종합평가는 2003년 사이몬프레이저 대학교 심리학과 하트 교수가 쿡, 미키 등과 함께 제작했다. 사이코패스에 경험이 많은 전 세계 임상 전문가 의견을 수렴했고 사이코패스와 관련된 특성을 일상어 수준으로 찾아내기 위해 소위 어휘학적 접근(lexical approach)을 응용 했다.

골드버그(Goldberg)가 1982년 주창한 어휘학적 접근은 일반인의 일상 언어 사용에서 사이코패스가 사용하는 단어에 기반을 두고 있어서 상대적으로 쉽게 사이코패스 개념을 이해할 수 있다.

PCL-R에 비해 전문적인 용어가 들어가지 않고 비전문가인 일반인이 쉽게 이해하고 평가할 수 있게 했다. 특히 반사회적 범죄 행동과 직접 관련된 증상은 이 모델에서 제외하여 사이코패스 증상의 변화 정도를 일정 기간마다 평가할 수 있다.

CAPP은 ①자기, ②인지, ③지배성, ④행동, ⑤정서성, ⑥애착 등 6개 영역으로 분류하여 33개 증상으로 나누었다.•

①자기 영역은 자기중심성 및 자기과시와 같은 정체성 혹은 개성과 관련된 문제를 나타낸다. 이 영역은 자기개념과 관련된 것들인데 자기중심적, 자기 과시적, 자기 특별의식, 자기특권의식, 자기 불사신 의식, 자기 정당화, 불안정한 자기개념이다.

②인지 영역은 산만함, 편협한, 의심하는 등과 같은 융통성과 적응

186

관련 문제를 나타낸다. 이 영역은 사이코패스가 주의를 집중하고 관심을 할당하는 방법, 정보를 표현하고 부호화하는 방법, 생각을 정리하고 귀인 과정을 거치는 방법과 같은 정신 활동에 초점을 두고 있다. 다섯 가지의 증상이 있는데 '의심하는', '집중력이 부족한', '편협한', '융통성이 없는', '계획성이 부족한'이 그것이다.

③지배성 영역은 과도하게 출세 지향적 성향이 있거나 과시와 같은 대인관계 관련된 문제이다. 대인관계에서 주도권을 갖고 타인을 통제하는 힘의 정도에 초점을 두고 있다. 대체로 '적대적인', '지배하려 드는', '기만적인', '조종하는', '가식적인', '수다스러움'과 같은 6가지 증상을 보인다.

④행동 영역은 공격적이고 무모한 성향으로 인해 목표를 세우고 이를 달성하는 데 문제를 보이는 것과 관련이 있다. 일상생활에서 경험할 수 있는 문제를 해결하는 능력이 떨어지고 행동 조절에 어려움을 느낀다. 대표적으로 끈기가 부족하거나 타인을 믿지 못하고, 무모하며, 산만하고, 문제를 일으키거나 공격적인 특성을 보인다.

⑤정서성 영역은 피상적이며 불안정한 감정 성향 등 기분조절과 관련된 문제를 다룬다. 대표적으로 불안감과 즐거움이 부족하고 감정 깊이나 안정성이 떨어지며 특히 죄책감이 결핍되어 있다.

⑥애착 영역은 타인과 친밀하게 안정적인 유대관계 형성에 실패한 것이다. 이 영역에서는 대인관계와 관련된 문제를 다룬다. 타인에 대해 무심하거나 신뢰 관계가 빈약하여 타인을 공감하지 못하고 무정한 것과 관련이 있다.

CAPP 33가지의 증상에 관해 일반인과 전문가를 대상으로 전형성 (prototypicality)을 조사했다. 그 결과 CAPP에서 제시하는 33가지 증상 모두 문화, 인종, 성별, 언어에 상관없이 비슷하게 사이코패스에서 나타나는 전형적인 특질로 인식했다.

CAPP에 사용한 전형성 분석(prototypical analysis)은 버클리대학교 인지심리학자 로쉬(Rosch) 교수가 1975년 적용한 것으로 어떤 성격(범주)에 대한 가장 핵심적인 전형성을 찾는 분석 기법이다.

CAPP 평가는 크게 직원용 평가 척도 버전과 전 생애 버전이 있다. 최근 버전인 기관용 평가 척도 버전도 치료감호소, 민간정신시설, 특수병원, 교도소와 같은 기관 시설에서 사용할 목적으로 개발되었다.

전 생애를 기반으로 평가하는 PCL-R과는 달리 6개월, 12개월을 단위로 사이코패스 증상 변화를 확인할 수 있고 수용시설에서 사이코패스를 분류하고 이들을 위한 개입 프로그램을 제작하거나 임시 석방이나 퇴소 등과 같은 중요한 의사결정을 내리는 데 도움을 줄 수 있다.

국내에서는 필자와 아주대학교 김경일 교수와 2016년부터 법무부 교정본부와 타당화 작업을 한 이후, 범죄자의 심리치료 효과성을 알아보기 위해 이 도구를 활용하고 있다. 이 모델의 가장 큰 장점은 범죄행위나 충동적 생활양식에 맞춰 있지 않기 때문에 성별에 상관없이 활용할 수 있으며 일반인에게 적용이 가능하다.

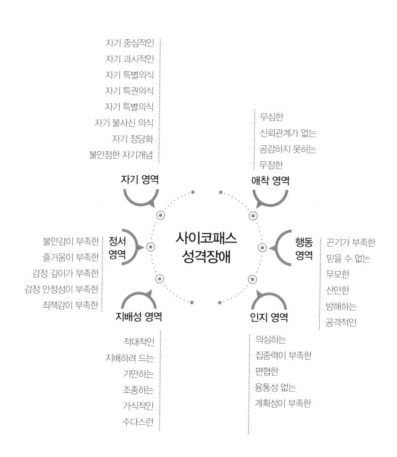

자기 중심적인
자기 과시적인
자기 특별의식
자기 특권의식
자기 특별의식
자기 불사신 의식
자기 정당화
불안정한 자기개념

무심한
신뢰관계가 없는
공감하지 못하는
무정한

자기 영역

애착 영역

사이코패스
성격장애

불안감이 부족한
즐거움이 부족한
감정 깊이가 부족한
감정 안정성이 부족한
죄책감이 부족한

정서
영역

행동
영역

끈기가 부족한
믿을 수 없는
무모한
산만한
방해하는
공격적인

지배성 영역

인지 영역

적대적인
지배하려 드는
기만하는
조종하는
가식적인
수다스런

의심하는
집중력이 부족한
편협한
융통성 없는
계획성이 부족한

〈출처: 서종한 등, 2018〉

사이코패스와
어둠의 성격

비슷한 듯 다른 듯 : 소시오패스, 비사회성, 반사회성 성격장애

결론적으로 소시오패스는 사이코패스와 조작적 수준에서 개념적
인 차이가 없다. 데이비드 리켄은 주로 유전적, 기질적, 뇌 기능의 결
함으로 인해 두려움 결핍, 죄책감, 공감력, 후회감 부족으로 인해 지역
사회에서 구성원 간 사회화에 문제를 보이는 것이 사이코패스지만 사
회화 과정에서 양육자의 학대와 방임 및 가정폭력, 불안정한 애착 등
양육과정에서 영향 받은 것이 소시오패스라는 주장했다.•

미국 사이코패스 과학적 연구학회(SSSP)에서는 아래와 같이 사이코
패스를 정서성, 대인관계, 반사회성과 충동적 행동으로 구성된 것으
로 정의했다.[10]

---

10 미국 사이코패스 과학적 연구학회(SSSP;Society for the Scientific Study of Psychopathy)는
사이코패스를 연구하는 법심리학자들의 모임. 2년마다 컨퍼런스를 개최하며 사이코패스와 관
련된 주제를 발표한다.

"정서성은 죄책감 결핍, 공감력 부족, 타인에 대한 깊은 감정적 애착 결핍으로 구성된다. 대인관계 특징은 나르시시즘, 피상적 매력이며, 충동성과 반사회성 특징은 비정직성, 조종성, 부주의한 위험 추구 등이다. 사이코패스가 폭력성과 관련된 위험 요인이기는 하지만 절대 동의어는 아니다. 정신증적 장애가 있는 사람과는 달리 사이코패스 대부분 현실과 외견상 합리성을 띠고 있기 때문이다. 교도소나 구치소에 높은 비율로 존재하며 우리가 살고 있는 지역사회에도 존재한다. 하지만 폭력성, 연쇄살인, 성폭력, 정신병증(일반적으로 정신 병리적 수준에서), 정신질환은 DSM-5의 반사회성 성격장애와 같지는 않았다."

세계보건기구가 발행한 ICD-10에 의해 정의된 '비사회성(asocial) 성격장애'는 다음과 같다.

① 타인의 기분에 대해 냉담한 무관심,

② 책임감이 없고 사회적 규범, 규칙, 의무를 무시하는 태도가 매우 심하고 지속적임,

③ 대인관계를 맺기에는 어려움이 없지만, 대인관계를 지속하고 유지하는 능력이 없다.

④ 좌절을 인내하는 힘이 매우 약하고 폭력을 포함하여 공격성을 참는 수준이 낮다.

⑤ 죄책감을 경험하는 능력과 특히 징벌과 같은 경험을 통해 무엇을 얻는 능력이 없다.

⑥ 사회와 갈등을 불러일으키게 된 행태에 대해 남을 비난하거나 그럴듯

하게 합리화시키는 경향이 강하다. 또한, 동반되는 임상으로 지속적인 자극 과민성이 있을 수 있다. 소아기 및 청소년기에 품행 장애 병력이 모든 예에서 있는 것은 아니지만, 그것은 이 진단을 더욱 뒷받침해 줄 수 있다.

미국 정신의학회의 DSM-5에 기술된 '반사회성 성격장애'은 '15세 이후'에 발생하며 다른 사람의 권리를 무시하고 침해하는 행동 양상을 보인다. 자세한 증상은 3장에서 이야기를 했기에 여기서는 생략하도록하겠다.

위 두 가지 성격장애 중 사이코패스와 관련성이 더 높은 것은 '비사회성(asocial) 성격장애'이다. 반사회성에 양심의 가책에 관한 내용을 언급했지만 대부분 (총 7개 문항 중 6개 문항이) 문제적 행동에 초점을 두고 있음은 부인할 수 없다. 일반적으로 사이코패시 개념에서 중요한 역할을 하는 '정서성' 중 '비사회성'은 냉담함, 무관심, 죄책감 부재 등과 관련된 핵심적 특질을 내포하고 있다. 따라서 '비사회성 성격장애'가 사이코패시에 훨씬 근접한 개념이라 할 수 있다.

어두운 해악적 성격을 가진 자를 조심하라
  - 나르시시즘, 마키아벨리즘, 사이코패시, 사디즘

최근에는 타인에게 치명적 해악을 끼칠 수 있는 소위 '어두운 3 요인 성격(dark triad)'으로 알려진 독성적(toxic) 성격에 관해서 자세히 다루고 있다. 이 성격은 사람의 감정을 느끼지 못하고 자신의 욕구를 위해 다른 사람들을 교묘히 조종하는 이기적 성격 즉, 나르시시즘(narcissism), 마키아벨리즘(marchiavellianism), 사이코패시이다.* 이 성격은 차원은 비슷한 듯 보이지만 어떤 부분에서는 개념적으로 다르게 나눠지는 독특한 특성이 있다.*

이 치명적인 성격을 고루 가지고 있는 사람은 문제행동을 보이며 그들은 대부분 수용소에 갇혀 있다. 그러나 그들 일부는 우리의 가까운 이웃에서 생활하고 있다. 인간관계에 치명적 해악을 끼치며 이웃에 스며들어 있는 이들을 경계해야 한다. 우리에게 끼치는 해악은 마음과 정신을 병들게 하고 사회로부터 우리를 고립시켜 무기력하게 만든다.

그들은 우리와 함께 어울려 살지만, 확연히 그 특이성이 눈에 띄지 않은 회색존(grey zone)의 사람이다. 악과 선의 사다리를 교묘하게 넘나들며 우리와 비슷한 모습으로 혹은 우리와 닮은 꼴로 일상생활의 그늘에 생활하기 때문에 쉽사리 알아차리지 못하지만 결국 그들이 누구인지 직시할 시간이 온다. 바로 그들의 본색을 드러내는 순간들이 찰나에 묻어난다.

브리티시컬럼비아 대학교 심리학과 델로이 폴허스와 케빈 윌리엄스에 따르면 이 세 가지 성격 이외에 가학성을 추가해서 '어두운 4요인 성격(dark tetrad)'를 연구했다.* 이들은 직장에서, 학교에서, 가정에서 혹은 통상 사회적 인간관계에서 타인에게 치명적인 악영향을 줄 수 있다.

폴허스와 윌리엄스는 이런 4가지 해악(害惡)적 성격이 돈, 명예 그리고 힘과 권력의 정점에 오를수록 강하게 나타난다고 보았다. 이 성격을 측정할 수 있는 흥미로운 도구는 '어두운 4 요인 성격검사(SD4)'가 있다. 이 SD4는 마키아벨리즘, 나르시시즘, 사이코패시로 이뤄진 기존의 SD3에 잔학성과 가혹함을 탐색하고 즐기는 성향을 의미하는 가학성 혹은 사디즘(sadism)을 포함시켜 진단하는 실험적 도구이다.•

SD4는 4개의 성격 유형은 교활한, 특권의식, 충동적인, 비열함으로 이루어져 있으며, 각 유형에는 7개 문항이 있다. 각 문항은 '매우 아니다' 1점에서 '매우 그렇다' 5점까지의 5점 척도로 평가한다. 1~7번 문항의 평균은 마키아벨리즘을, 8~14번 문항의 평균은 나르시시즘을, 15~21번 문항의 평균은 사이코패시를, 22~28번 문항의 평균은 사디즘을 의미한다.

마키에벨리즘

1. 당신의 비밀을 사람들에게 알리는 것은 현명하지 않다.
2. 무슨 일이 있어도 중요한 사람이 당신 편이 되어야 한다.
3. 다른 사람들과 직접적인 갈등을 피해야 하는 이유는 그들이 미래에 도움이 될지도 모르기 때문이다.
4. 원하는 것을 얻기 원한다면 눈에 띄지 않게 행동하라.
5. 상황을 조작하는 것은 계획을 필요로 한다.
6. 아첨은 사람들을 내 편으로 만들기 위한 좋은 방법이다.

7. 복잡한 계획이 성공했을 때 나는 기쁨을 느낀다.

나르시즘

8. 사람들은 나를 타고난 리더라고 생각한다.

9. 나는 사람들을 설득하는 특별한 재주가 있다.

10. 내가 없으면 그룹 활동이 엉뚱한 방향으로 가는 경향이 있다.

11. 사람들이 계속 나에게 특별하다고 말하기 때문에 나는 내가 특별하다는 것을 알고 있다.

12. 나는 몇 가지 우수한 자질을 지니고 있다.

13. 나는 어떤 분야에서 미래의 스타가 될 것 같다.

14. 나는 가끔 과시하는 것을 좋아한다.

사이코패시

15. 사람들은 내가 통제 불능이라고 자주 말한다.

16. 나는 권위자들이나 그들의 규칙에 대항해서 싸우는 경향이 있다.

17. 나는 같은 성별의 내 나이 또래들보다 더 많은 싸움에 관여해왔다.

18. 나는 먼저 어떤 일에 뛰어들고 나서 나중에 질문하는 경향이 있다.

19. 나는 법을 어겨서 문제가 된 적이 있다.

20. 나는 가끔 위험한 상황에 뛰어든다.

21. 나를 건드린 사람은 항상 그것에 대해 후회한다.

사디즘

22. 주먹다짐하는 것을 관찰하는 것은 흥미롭다.

23. 나는 폭력적인 영화나 비디오 게임을 매우 즐긴다.

24. 멍청이들이 처참하게 실패하는 것을 보는 것은 재미있다.

25. 나는 폭력적인 스포츠를 보는 것을 즐긴다.

26. 몇몇 사람들은 고통 받을 만 하다.

27. 나는 재미 삼아 소셜미디어에서 짓궂은 것들을 말한 적이 있다.

28. 나는 말로 사람을 어떻게 아프게 하는지 알고 있다.

출처 Paulhus & williams, 2020 필자역

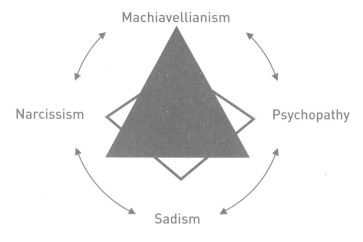

어두운 성격 4 요인(Dark Tetrad)

나르시시즘

이 말은 그리스 신화에서 미소년 나르시수스가 호수에 비친 자신의

196

얼굴이 자기 자신인 줄도 모르고 결국 물에 빠져 죽을 때까지 '탐닉적'으로 사랑에 빠졌다는 것에서 유래했다. 하지만 그 기저에는 극도의 낮은 자존감과 취약한 불안감이 깔려있다.

이 때문에 스스로 위협받은 상황을 견디지 못하고 심한 불안과 우울을 경험한다. 마치 쉽게 깨지는 유리 구두에 비유할 수 있을 듯하다. 상대적인 우월감을 느끼기 위해서 자신보다 열등한 사람들을 주변에 두고 우위를 점하며 지배하려 든다.

이들은 모두 이상하리만큼 공통으로 자기도취나 자기애에 빠져 비현실적으로 과장하고 과한 자기상에 몰입되어 있다. 외연적으로 비치는 모습은 꽤 유쾌하고 매력적으로 보이지만 쉽게 지루함에 빠져들기에 위험한 도전을 찾아 나선다. 이렇다 보니 늘 자기만족에 굶주린 하이에나 같다.

가족도 가리지 않고 누구든 도구적으로 접근하여 갖은 수단과 방법을 가리지 않고 끈질기게 목표를 놓지 않는다. 최악은 타인에 대한 공감력이 떨어지기 때문에 죄책감도 느끼지 않는다. 다른 사람에 관해 관심 자체가 없는 사람들이다. 오로지 자기 욕구를 철저하게 탐닉한다.

나르시시즘은 DSM-5에 '자기애성 성격장애'로 논의한다. 그 외 이를 기반으로 제작된 자기 보고형 검사로는 '자기애적 성격검사(NPI)'가 있다.*

이 도구들이 공통으로 말하는 자기애적 성향은 남을 이끌며 지배하고, 타인보다 우월하다고 인지하며 거만하다. 아무런 죄책감 없이 타인을 착취하는 성격으로 기술한다. 역사적으로 이에 해당되는 유명인

사로 나폴레옹, 모택동, 히틀러, 스탈린, 알렉산더 등이 있다. 최근 유명 인사로는 도널드 트럼프, 스티브 잡스 등이며 전체 인구의 1% 이하로 나타난다.

마키아벨리즘

16세기 무렵 이탈리아의 철학자인 니콜로 마키아벨리의 이름에서 처음 시작되었다. 1970년 컬럼비아대학교 사회심리학자 크리스티에 의해 발견된 성격이다.

이는 목적을 위해서라면 수단이나 방법이 모두 정당화될 수 있다고 믿는 수준(The end justifies the means)을 말한다. 마키아벨리의 군주론에서 "군주는 정치와 권력을 위해 수단과 방법을 가리지 않아야 한다."라고 했다.

나르시시즘과는 달리 마키아벨리즘은 다소 상황을 현실적으로 직면하고 객관적으로 바라본다. 사람들과의 관계에서 나르시시즘을 가진 사람들처럼 과도하게 인상을 남기려 하거나 자기를 과시하려 하지 않는다.

이들은 현실에서 타인을 조종하고 싶은 상황 혹은 사람에 대하여 집중하며 상대의 감정 상태를 (지식으로 배운 듯) 인식하여 상황에 맞게 최선의 전략을 실용적으로 취한다. 그래서인지 놀랍도록 계산적이며, 이중적이고, 차갑다. 대표적인 유명 인사로 존 에프 케네디나 빌 클린턴을 들 수 있겠다.

애초에 이들은 타인과 진정성을 갖고 사회적 관계를 맺으려 하지 않는다. 하지만 필요에 따라서는 그들의 생각을 이해하는 듯 대하고 다른 사람이 느끼는 감정을 느끼는 척하며 권모술수적 태도를 보인다. 따라서 사이코패스와 달리 필요에 따라 언제든지 우호적인 듯 행동하고 이타적 행동을 보인다. 적대적이거나 공격적인 행동 혹은 충동적인 행동을 덜 나타낸다.

이를 측정하기 위한 도구로는 사회심리학자 크리스티와 가이스가 만든 Mach Ⅳ 평가도구가 있으며 60점 이상 받은 사람을 마키아벨리즘 성향이 짙다고 볼 수 있다.*

사이코패스

마키아벨리즘과 나르시시즘의 특성을 고루하게 가지고 있으면서 중요한 차이는 사이코패스는 불안과 공포심을 느끼지 않는다는 점이다. 나르시시즘이 갖는 극단적인 자기애와 자기중심주의와 특별의식, 마키아벨리즘의 목적지향성, 타인에 대한 지배성과 조종, 이를 위한 입심 좋음과 피상적 매력을 지닌 종합선물세트이다. 따라서 가장 타인에게 직접적인 해악을 끼칠 수 있는 위험성을 띤 성격이다.

가학성(사디즘)

덧붙여 함께 회자하는 것이 다름 아닌 사디즘이다. 간단히 말하면 사디즘 성향이 있는 사람은 타인이 고통받는 장면을 목격하거나 혹은 직접 고통을 주는 경험을 즐기고 목격하는 것을 즐기는 잔인한 특성이 있다.

DSM-III에서는 '가학성 성격장애(SPD)'로 명명했다.

이들은 남을 지배하기 위해 폭력을 가하고, 모욕과 경멸을 예사로 하고, 가혹하게 다루고, 신체적·정신적 고통을 가하며 쾌감을 느끼고, 고통을 주기 위해 거짓을 말하고, 협박 위협하여 지배하려 한다. 주변인의 의사를 존중하지 않으며 자유를 침해하고 죽음, 무기, 미사일, 테러, 고문에 대해 매우 기분 좋아한다.

현재 DSM-5에서는 이 성격장애를 포함하지 않고 있다. 가학성은 대표적으로 성적 욕망과 결부되어 나타나며 성적 연쇄살인범인 이춘재, 이영학, 강호순 등을 들 수 있다. 가학성을 평가할 수 있는 '가학성 충동척도(SIS)'는 자기보고형 평가 도구이다.•

10문항으로 이루어져 있고 타인을 해치는 것과 태도에 대한 질문으로 이루어져 있다. 그 질문은 다른 사람이 아파하는 것을 즐긴다, 다른 사람들에게 모욕감을 주어 괴롭게 한다 등에 관해 '그렇다'와 '아니오'로 대답한다. 부켈스와 폴허스가 만든 '가학성 종합평가(CAST)'가 대표적으로 쓰이고 있다.•

존스와 네리아에 따르면 사이코패스와 나르시시즘 간의 관련성이 아주 높게 나타난다고 했다.• 이 네 가지 성격의 공통적인 특성은 바로 '냉담함', '부정직성(거짓)', '조종'이다. 하지만 각 성격에 따라 나타나는 공격성은 다른 방식으로 표출되는 듯하다.

사이코패스 냉담함은 조종함과 맞물려 신체적 공격성이 강하고 나르시시즘은 도취한 자아가 위협을 받을 경우, 자신의 우월성에 도전을 받거나 침해받는다고 느끼는 경우 반응적 공격성을 보인다. 마키아벨리즘은 타인에 대한 적대적 태도를 보이고 필요시에 친 사회적 태도를 보이지만 부분 부분 충동성을 나타내어 선택적 적대성을 보인다.

따라서 마키아벨리즘과 나르시시즘을 갖는 사람과 관계맺음은 정신적 스트레스와 소진을 경험하는 반면 사이코패스는 이 두 성격에 비해 더 폭력적이고 더 잔인하며 더 집요하게 나타나 더 높은 수준의 피해가 예상된다.

흥미롭게 최근 조난슨과 웹스터는 어둠의 세 요인을 12가지 항목으로 구성된 측정 척도인 더티 더존을 쉽게 풀어서 12개의 해악적 성격 검사(Dirty Dozen)를 개발했다.● 이 척도는 12가지 항목으로 구성되어 있고 사디즘을 뺀 3가지 성격 특성을 4문항씩 담고 있다. 이 문항 중에는 타인을 조종하는 것과 자신이 원하는 것을 얻기 위해 사용하는 병리적인 거짓말, 타인을 이용하는 것과 관련된 행동이 포함되어 있다.

더티 더존 12문항

① 내가 원하는 것을 얻기 위해 나는 다른 사람을 조종하는 경향이 있다.

② 내가 원하는 것을 얻기 위해 나는 속이거나 거짓말한 적이 있다.

③ 내가 원하는 것을 얻기 위해 나는 아첨한다.

④ 내 목적을 위해 나는 다른 사람을 착취하는 편이다

⑤ 나는 죄책감이 부족하다.

⑥ 나는 내 행동에 따른 도덕적 책임에 신경 쓰지 않는다

⑦ 나는 냉담하거나 무신경한 편이다

⑧ 나는 냉소적인 편이다

⑨ 나는 다른 사람이 나를 존경해주기를 원한다

⑩ 나는 다른 사람이 나에게 집중해 주기를 원한다

⑪ 나는 명예나 지위를 바라는 편이다

⑫ 나는 다른 사람으로부터 특별한 대우를 받기를 원한다.

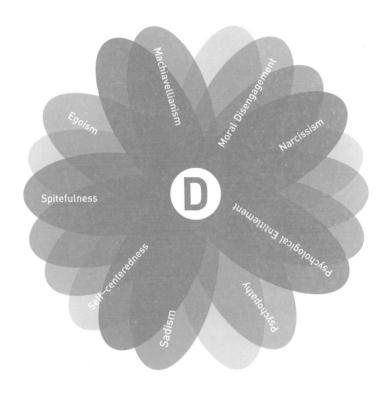

D-인재(D-factor)

독일의 심리학자 모사겐 등에 의해 밝혀진 바에 따르면 성격 중에 어두운 면을 가진 것이 있는데 전체적으로 9가지로 나누어볼 수 있었다.* 이들 9가지 성격에는 이기주의(egoism), 탐욕(greed), 마키아벨리즘(machiavellianism), 도덕적 이탈(moral disengagement), 나르시시즘(narcissism), 심리적 특권의식(psychological entitlement), 사이코패시(psychopathy), 사디즘(sadism), 자기중심성(self-centeredness), 악의성(spitefulness) 등이었다. 흥미롭게도 이들 독일 심리학자들은 2,500명의 사람에게 9개의 성격 설문지를 이용하여 실험을 진행했다. 그 결과 이들 성격이 모두 연관되어 있고 같은 성향을 가진 것으로 보였다.

그중 단 한 가지 공통적 기질이 다름 아닌 D-인자(D-factor)라고 말한다. D-인자는 "타인을 희생시키면서 개인의 이익과 목적을 최대한 취하려는 이기적 성향"이다. 또한, 이런 행동을 정당화한다는 기본적인 신념이 뚜렷이 존재하고 있다.

CHAPTER 5

우리 옆집
사이코패스를 넘어서

PSYCHOPATHY:
THE MASK OF INSANITY

어디에든
사이코패스가 있다

사이코패스에 대처하기 위해서 우리가 가장 먼저 해야 할 일은 사이코패스가 교도소에만 있다는 착각에서 벗어나야 한다. 그들은 나와 같은 곳에서 호흡하며 생활하는 가까운 친구나 지인, 동료일 수 있다는 사실에 직면하는 것이다. 이런 인식은 사이코패스 성향의 직장상사를 만났을 때 대처해야 하는 '첫 번째 출발점'이 되기도 한다.

바비악과 헤어는 실제 사이코패스 피해자로부터 얻은 정보를 바탕으로 일반인이 일상에서 사이코패스가 설치한 덫에 걸리지 않기 위해서 알아야 할 유용한 대안을 몇 가지 알려주었다.•

가장 먼저, 사이코패스가 가까운 이웃에 존재하고 있으며 그 피해자는 바로 나 자신이 될 수 있다는 사실이다. 오랫동안 이들을 연구하고 조사한 전문가인 필자조차도 쉽게 속일 수 있는 존재들이다. 우리는 이들이 어떤 가면을 쓰고 어떤 방식으로 우리에게 접근하여 교활하게 조종하는지 알아야 한다. 그렇다고 섣불리 이들을 사이코패스라고 '명명'하지 않도록 해야한다.

심리평가와 진단을 전공한 심리학자가 아닌 이상 사이코패스 판단이 쉽지 않으며 아무른 근거 없이 마음에 들지 않는 누군가를 사이코패스라 명명하면 자칫 명예 훼손과 같은 법적 소송에 말려들 수 있기 때문이다.

사이코패스는 정보력이 좋다. 특히 말이 많은 사람은 자연스럽게 자신의 약점을 사이코패스에게 노출할 수밖에 없다. 따라서 스스로 '자신의 약점이 무엇인지?', '어떤 부분에서 자신의 감정이 무너지는지?', '어떤 측면에서 쉽게 흥분을 하는지?' 혹은 이성을 잃는지, 알아두면 좋다.

스스로 자신의 약점을 인지하고 있어야 사이코패스의 공격으로부터 자신을 방어할 준비를 하게 되는 것이다. 헤어는 그 약점을 결점, 열등감, 두려움 3가지로 구분하여 제시했다.

사이코패스는 사람들이 자신에 대해 가장 싫어하는 것이 무엇인지 쉽게 간파한다. 그 결점을 공감해주는 척하며 당신에게 믿음의 씨앗을 놓는다. 하지만 이 모두가 당신을 이용하기 위한 사전 작업일 뿐이다. 때론 스스로 그 흠을 인정하고 있는 그대로 현실에서 받아들일 때 사이코패스가 당신을 조종하려는 가능성을 현저히 줄일 수 있다.

사이코패스가 즐겨 사용하는 것은 바로 상대방이 느끼는 불안감이다. 누가 어떤 두려움을 갖고 두려움에서 벗어나고자 한다는 사실을 간파하면 그 사람을 조종하기 위해 강력한 도구로 이 정서를 활용한다. 수시로 그 두려운 상황을 소환하고 그 속에서 웃으며 그 사람의 반응을 유심히 지켜보길 좋아한다. 바로 이 순간이야말로 무기력한 상황에서 자신의 절대적 지배성을 확보할 상황이기 때문이다. 필자도 이런 상황에 놓인 경우가 많았다.

사이코패스를 대처하기 위한 마음의 준비

로버트 헤어는 일상에서 쉽게 경험할 수 있는 치명적 유혹을 경계하고 피해야 한다고 한다. 이웃집 사이코패스는 당신을 기분 좋게 하는 말과 유창한 언변, 왠지 호감이 가는 긴장감은 거부할 수 없는 매력으로 느껴지게 한다.

일상의 사교모임이나 직장에 처음 입사하는 경우에는 사람을 만날 때, 최소한 의심의 눈길로 필요한 정보를 갖고 유심히 관찰하라. 우리 사회에 등장하는 다양한 유희 목적의 동호회, 독서모임이나 사진 모임 등에서 사이코패스를 만나 피해당하는 경우를 많이 보았다.

원론적인 이야기이지만 사이코패스와 유대감을 가지지 말아야 한다. 사이코패스는 피해자가 운명적인 인연임을 느끼게 상황을 조종한다. 상대방이 너무 완벽하고 자신과 너무 비슷하다면 한발 물러나 다시 한 번 그 관계의 진실성을 확인해 볼 것을 권한다.

사이코패스는 피해자를 가족과 지인으로부터 더 고립시키며 두려움과 약점에 스스로 무기력감을 느끼게 하여 무조건 의존하게끔 관계를 끌고 간다. 소위 우리가 말하는 그루밍(groming) 성범죄도 한 예가 될 수 있다.

만일 지금 관계에서 일방적으로 요구하는 사람이 있다면 또 주변에서 자신의 관계를 심각하게 걱정하고 우려한다면 주변 사람을 도움을 받아 그 관계를 재고하거나 분명히 끊을 것을 권한다.

사이코패스의 학대는 가장 직접적이며 즉각적이다. 정서적 학대는 피해자에게 불안과 공포감을 느끼게 위협한다. 심리적으로 우울과 낮은 자존감이 함께 나타날 수 있다. 이때는 망설이지 말고 전문가의 도움을 구해야 한다.

자신이 인질임을 깨달았을 때 무엇을 해야 하는가? 사이코패스가 쳐 놓은 덫에 걸려 그동안 철저히 이용당하고 있다는 사실을 인지하면 누구나 비참함을 느낀다. 그 누구도 이해할 수 없는 비통함과 거부할 수 없는 괴로움이다. 하지만 그렇다 하더라도 친구나 가족에게 털어놓고 자신의 감정을 적절하게 해소해야 한다. 일종의 사후 애도 과정이다.

비정한 가해자에 의해 희생되었을 뿐 당신은 아무런 잘못이 없다. 이들에 대한 분노와 복수심은 자연스러운 감정이며 회복하는 과정의 한 부분일 뿐이다. 반드시 정신건강 전문가를 찾아가 감정의 응어리를 치유해야 한다. 이럴 때라야 좀 더 편안한 마음을 가질 수 있다.

직장 내 화이트칼라 사이코패스

필자는 ○○에서 7여 년간 직장 생활을 했다. 그 과정에서 최소한 3명

이상의 기능적 사이코패스 성향이 높은 상사와 동료를 만났다. 사이코패스 범죄자를 상대하는 전문가였음에도 난 사이코패스 직장상사에 의해 괴롭힘을 받았다.

직장에 스며든 사이코패스 특히, 직장상사나 동료는 다소 다른 차원의 특성을 보인다. 하지만 부하직원이나 동료에 대한 가학성과 폭력성은 여전히 존재하며 어떠한 죄책감도 느끼지 아니하며 더 공개적으로 자신의 위치에서 괴롭힘 행동을 정당화한다.

난 이들로부터 벗어나기 위해 철저히 준비했고 마침내 벗어날 수 있었다. 개인적으로 지금의 결과에 만족한다. 종국에는 그 조직은 그런 유의 사이코패스가 남을 가능성이 농후해질 것이다. 비참하게 아니면 우습게도 사이코패스만 남게 될 것이다. 필자는 이들을 더 학술적으로 공부하고 연구할 수 있는 곳으로 갈 수 있었다. 그런 삶을 이끈 분은 따뜻한 마음을 가진 지도 교수 스티븐 하트 박사였다.

자기중심성이 강하고, 자기 특권의식으로 똘똘 뭉쳐있고, 자기 과시성을 남발하고, 자기 정당성을 강하게 어필하고, 공감력이 결핍되어 있고, 철저한 지배를 원하는 그들은 사이코패스 성향을 고루 갖춘 내가 경험한 전형적인 '기업형' 사이코패스였다.

바비악과 헤어의 책 《직장으로 간 사이코패스》, 《진단명 사이코패스》에 기술된 대처방식을 읽으면서 난 많은 부분 공감했다. 물론 근본적 처방은 되지 않았지만, 최소한 그들이 누구인지, 왜 그런 행동을 하는지 알 수 있었다. 우리는 이런 사람이 어디에든 있다는 다소 놀랍지만, 그저 그런 평범한 현실을 직시해야 한다.

먼저, 사이코패스 상사와 동료가 실제 존재함을 명확히 인정하고 받아들여야 한다. 이들은 일반적인 직장상사와 다르다. 자신의 잘못조차 느끼지 못한 공감력이 결핍된 사람이다.

우리는 이러한 현실을 바로 직시하고 감정적으로 흘러가지 않게 해야 한다. 나를 보호하기 위하여 최소한 자신이 맡은 업무에 대해서는 충실해야 한다. 업무에 미숙함을 보이거나 실수를 반복하면 사이코패스 상사는 언제든 자신이 필요할 때, 그 업무 결과를 당신에게 불리한 방향으로 이용하거나 윗사람에게 악의를 갖고 보고할 수 있다

사이코패스 성향이 의심되는 상사라면 사적, 공적 모임에서 나눈 대화를 꼼꼼하게 기록해야 한다. 예를 들어 위협적 태도, 부당하거나 과도한 업무지시, 욕설, 성희롱, 성적 접촉 등이다. 학대나 괴롭힘을 당하면 반드시 구체적인 내용을 수첩이나 달력에 수기로 시간, 장소, 동석자 등을 남길 필요가 있다. 피치 못할 사정 때문에 맞서야 한다면 감정적 공격성이 아니라 단호함과 냉철함을 유지하며 논리적 어조로 자신의 의견을 객관적으로 피력하도록 노력해야 한다.

직장상사는 지배성이 강하다. 당신이 감정적인 반응을 해 주기를 원한다. 당신에게 치명적인 약점을 찾기 위해서다. 이런 이유로 사이코패스 성향이 높은 직장상사와 접촉하지 않고 피하는 것이 좋다. 더 이상 견딜 수 없다면 원하는 조건을 챙겨서 미련 없이 떠나 다시 시작하라.

대안적으로 부서를 옮겨갈 수도 있고 최악의 경우 회사를 그만둬야 하는 경우가 있다. 여기서 중요한 점은 설령 자신이 있는 자리가 좋더라도 현재, 그 자리에서 빠져나와 다른 부서로 갈 수만 있다면 당신에

212

게 가장 좋은 선택이다.

어차피 상사가 자리를 옮기지 않는 이상 우리는 그를 견뎌낼 수 없다. 지금 일어나는 일이 하루도 견디지 못하는 지옥처럼 느껴질 수 있다. 다만 이 회사에서 얻어 갈 수 있는 경력을 살려 철저하게 계획하고 준비하는 수밖에 없다.

마지막으로 직장에서 자신의 상사나 동료가 사이코패스인지 판단하는데 도움을 줄 수 있는 도구가 존재한다. 독자에게 도움이 될 수 있는 특징들이라 눈여겨볼 것을 추천한다. 크게 바비악과 헤어가 만든 B-Scan 두 가지 버전과 클라이 바디가 만든 PM-MRV 계열의 평가 도구가 있다.

바비악과 헤어의 B-Scan 360 & Self 버전

바비악과 헤어는 수년 동안 조직과 기업에서 사이코패스 특성을 평가하기 위한 측정 도구 B-Scan을 개발했다.

B-Scan은 조직 내 다양한 직원들이 타인을 대상으로 평가하는 척도로, 평가대상은 상사, 동료와 부하직원을 모두 포함한다.•

B-Scan의 초기 버전은 사이코패스의 4 요인 모델을 기반으로 11개의 항목으로 제작했으나, 접근 가능한 경험적 데이터의 양이 너무 적어 만족스러운 통계 결과를 얻을 수 없었다. 사이코패스 구조와 직접 관련 없는 항목을 포함하기도 했다. 이 때문에 매티유, 바비악, 존슨, 뉴먼은 요인구조를 결정하기 위하여 추가 연구를 진행했는데 B-Scan의 구조적 모델이 PCL-R의 4 요인 모델과 개념적으로 비슷하게 적용되

어 이론적 틀을 갖게 되었다.

이 도구는 크게 두 가지 버전이 있다. 관리자가 직원을 직접 면담한 후 평가하는 360-버전과 자기 보고식 버전인 Self-버전으로 구분한다.

Self-버전은 매티유와 바비악이 2016년에 기업형 사이코패스를 측정하기 위해 헤어의 PCL-R을 기반으로 개발 한 도구이다.* 조직과 기업 환경에 있는 사람의 특성과 행동을 평가하기 때문에 각 항목은 직장 내 직업 활동과 관련된 내용으로 구성했다. 이를테면 평가 항목은 직장에서 흔히 사용하는 일상적 용어를 사용했으며, 사이코패스를 세심한 언어로 측정할 수 있다는 장점이 있다.

Self-버전은 4개의 단면으로 구성했으며 ①대인관계, ②정서성, ③생활양식, ④반사회성이다.

①대인관계는 진실하지 않은(Insincere), 거만한(Arrogant), 믿음직스럽지 못한(Untrustworthy), 조종적인/부도덕한(Manipulative/unethical)을 포함하고, ②정서성은 후회가 없는(Remorseless), 얕은 정서(Shallow), 민감하지 못한(Insensitive), 비난하는(Blaming)을 ③생활양식은 참을성 없는(Impatient), 이기적인(Selfish), 불분명한(Unfocused), 불규칙한(Erratic), 믿을 수 없는(Unreliable)을, 마지막으로 ④반사회성은 과장된(Dramatic), 남을 괴롭히는(Bullying)으로 구성되었다.

클라이브 바디의 PM-MRV & PM-MRV2
클라이브 바디(Clive R. Boddy)는 직장에서 최악의 리더 중 하나의 유형인 기업 사이코패스를 측정하기 위해 '사이코패시 측정 및 경영 관리 연구 버전(PM-MRV; Psychopathy Measure·Management Research Version)'을 2007년에 개발했다.

허비 클렉클리가 사이코패스 성격 특성을 16개로 구분한 것을 기반으로 하여, 조직 및 기업에서 사이코패시 경영관리와 리더십을 조사하기 위한 지표로 PM-MRV를 사용했다. PM-MRV는 PCL-R의 요인1인 대인관계와 정서성을 알아보는 데는 유용한 측정 도구이다. PM-MRV2는 각각 사이코패스의 가장 원형적인 특성 8개, 10개의 척도로 구성된다. PM-MRV2에서 측정하는 10개 항목은 아래와 같다.

1. 표면적인 매력과 똑똑해 보이는

2. 침착하고, 차분하며 매우 이성적인

3. 거짓말을 하며, 진실 되지 않은

4. 외도를 일삼는

5. 철저히 자기중심적인

6. 다른 직원을 해치는 행동에 대한 후회를 하지 않음

7. 얕은 정서

8. 개인적 관계에 무책임한

9. 자신의 행동에 책임 지길 거부하는

10. 자신의 행동에 대한 자기반성과 자아성찰이 결여된

출처: Boddy, 2019; 역, 필자

어떤 연구자는 PM-MRV가 PCL-R의 생활양식과 반사회성(요인2)을 제외했기 때문에 사이코패스의 범죄적 특성을 무시하여 일반적 사이코패스의 개념을 잘 못 기술한다며 비판했다.

이러한 타당성 부족뿐만 아니라, PM-MRV로 사이코패스 평가할 경우 나르시시즘, 마키아벨리즘과 사이코패시로 이뤄진 Dark Triad와 특별히 구분 짓지 못하는 한계점이 있다. 사이코패스를 포함한 Dark Triad 세 가지 성격 모두 대인관계와 정서성(요인1) 특성을 공유하고 있기 때문이다.•

이러한 비판에 대해서 클라이브 바디는 기업이나 조직 환경에서의 사이코패스를 평가하기 위해서는 반사회적이고 범죄적 양상을 제외해야만 한다고 반박한다.

만약 반사회성 부분을 평가에 포함한다면, 결국 기업형 사이코패스들은 "사이코패스"라고 진단 되지 않을 것이다.

그는 허비 클렉클리가 대부분의 사이코패스가 교도소에 있지 않고 일상 속에 숨어 있다는 주장을 근거로 들었다.•

기업이라는 공간에서 심각한 범죄 행동을 보이지 않는 사이코패스들을 포착하기 위해 개발한 PM-MRV는 기업에서 사이코패스 연구에 적합하도록 만든 것이다.

필자의 생각으로는 PM-MRV 개별 항목들은 기능적 사이코패스 증상을 다룬 코크, 허비 클렉클리, 맥코드 등의 실증적 문헌을 귀납적으로 검토하여 개발했기 때문에 내용 타당도를 보장한다. 또한, PM-MRV는 사이코패시 성격장애 종합평가(CAPP)에 의해서도 뒷받침되는데, PM-MRV의 모든 항목은 CAPP 항목과 거의 일치한다.

　필자도 이런 맥락에서 헤어의 B-SCAN Self 버전 보다는 클라이브의 PM-MRV 계열의 평가 적용이 더 적합하다고 생각한다.

범죄형 사이코패스
대하기

면담의 핵심 : 사이코패스 성향의 범죄자에게 도전하라!

버거에 따르면 일반적으로 범죄형 사이코패스를 만나기 위해 가져
야 할 중요한 세 가지 과정을 확인해야 한다.●

첫째, 사이코패스에게 면담에 대한 목적을 설명하고 동의를 받는
과정이다.

내담자와의 협력적 라포를 형성한 후, 일반적인 정보를 수집하고
이들에게서 나타나는 핵심 논쟁점, 예를 들어 두드러진 증상이나 문
제행동을 포착하는 것이다. 이 논쟁점은 사이코패시 내담자의 행동,
애착, 인지, 정서성, 지배성, 자기 등과 6가지 영역과 관련된 33개의 구
체적인 증상들일 수 있다(구체적인 증상은 3장 CAPP을 참조).

둘째, 사이코패스가 노출한 이 논쟁점에 관련해서 더 많은 정보를
요구해야 한다. 그렇게 해야 정보의 신뢰성을 평가할 수 있다.

셋째, 사이코패스가 노출한 정보에 대해 검토한 후, 필요에 따라 차이가 있는 쟁점을 중심으로 직면하여 도전하는 것이다.

민감한 직면과 도전을 면담 초기에 진행하면 면담 자체를 그르치게 되어 이들에 대한 정보 접근에 상당한 제약이 있을 수 있다. 따라서 내담자가 상당한 양의 구체적인 정보를 제공한 이후 직면해야 중도 이탈률을 줄일 수 있다. 이 도전을 어떤 시점에 어떤 방식으로 실시하느냐가 가장 중요하다.

원칙적으로는 점진적으로 강도를 차츰 높여나가는 방식이 바람직하다. 필자와 함께 연구를 진행했던 영국의 임상심리학자 로건과 존슨은 가장 기본적인 수준에서 시작하여 점진적으로 4단계까지 내담자를 직면시킬 수 있다고 보았다.•

1단계, 전문가가 실수로 이해하지 못했기 때문에 사이코패스에게 좀 더 구체적으로 설명해 달라는 방식이다. 가장 기본적인 단계이다.

"○○○ 씨 혹은 △△△선생님이 말씀하시는 것을 제가 따라가지 못했습니다. 다시 한 번 더 설명해 주시면 제가 잘 이해할 수 있겠습니다."라는 형식이다.

재미있는 점은 이런 질문이 사실 자체 확인을 더 구체적으로 할 수 있게 할 뿐 아니라 추가적인 정보를 전문가에게 더 제공해 줄 수 있다. 이런 유의 온건한 방식의 도전적 질문을 자주 사용해도 좋다.

2단계, 다른 정보 제공자의 정보가 내담자와 진술 내용과 다르다거나 명확성이 떨어짐을 이야기하면서 일정 부분의 책임 내지는 비난을 내담자에게 어느 정도 부가한다.

"제가 생각하기에는 여기 진술에서 다소 문제가 좀 있어 보입니다. 당신과 함께 같은 방에서 생활했던 ○○○ 씨가 당신에 대해 말했던 것과 ○○○ 씨(사이코패스)가 방금 이야기했던 내용은 다소 달라 보입니다. 좀 더 구체적으로 왜 그런지 이야기해주시면 당신을 이해하는 데 큰 도움이 되겠습니다."

여기서 중요한 점은 전문가가 중립적인 위치를 견지해야 한다.

이 질문에 대해 내담자는 때론 짜증을 내거나 불만을 표시할 수 있는 데 그런 감정의 방향이 전문가가 아니라 제삼자, 여기서는 같은 방 ○○○ 씨에게 향해 있다. 이에 내담자는 이 점을 해소하기 위해 더 많은 구체적 정보를 제공하거나 해명을 하려 할 것이다. 이 해명과 제공한 정보를 볼 때 합리적인 논리성과 또 다른 기본 정보와의 차이점과 유사점을 견줘 볼 수 있다.

3단계, 내담자에게 단적으로 제공한 정보의 앞뒤가 맞지 않는 것으로 표현하는 방식이다.

"금방 저에게 말씀하신 것이 말이 되지 않습니다. 혹은 이해가 되지 않습니다. 다시 한 번 더 설명해 주시고 명확하게 말씀하여주시면 좋겠습니다."

이 단계에서의 도전은 전문가가 잘 못 이해하게 된 원인이 내담자에게 있으며 일종의 불명료화나 혼돈의 책임이 사이코패스 자신에게 있음을 인지시킨다. 따라서 위험한 단계로 적절한 주의를 갖고 적용할 필요가 있다.

4단계, 거짓의 직접적 원인 제공자가 사이코패스 성향의 내담자에게 있음을 표현하는 것이다.

가장 위험성이 높은 도전 방식이다.

"이전 있었던 일(행동)에 대한 당신의 해명을 믿을 수가 없습니다."

전문가가 핵심적인 정보를 갖고 판단해야 하는 경우 이 핵심적인 정보에 대한 명확한 근거를 확보하기 위해서 설령 내담자에게 불쾌감을 줄지라도 강하게 의문을 제기할 필요가 있을 때 한다. 특히 내담자가 경솔하거나 건방진 태도를 보이며 면담할 경우나 명백하게 잘못된 정보를 전문가에게 제공할 상황에 해당한다.

이런 형태의 도전 혹은 직면은 면담 과정이 깨지지 않을 것이라는 전문가의 확신이 있을 때, 혹은 더 면담해도 의미가 없다고 판단했을 경우 가끔 사용한다.

범죄형 사이코패스 면담하기

필자는 과거 프로파일링 업무를 하며 사이코패스 성향의 범죄자를 많이 만났다. 특히, 캐나다와 한국에서 교도소 수형자를 대상으로 사이코패스 연구를 진행했다. 이 과정에서 전문가가 사이코패스와 면담을 어떻게 진행해야 하는지 고민하지 않을 수 없었다. 필자의 경험과 맨토인 하트 교수와 쿡 교수가 말하는 사이코패스 면담에 대한 방식을 소개하고자 한다.

사이코패스 범죄자를 면담하여 평가하는 전문가의 경우 면담에서 가장 선행되어야 하는 것은 사전 준비와 기존 정보자료 검토를 철저하게 해야 한다. 가장 중요한 것은 사이코패스가 면담에 참여할 수 있도록 동기를 계속 부여하고 개방형의 반 구조화된 면담 방식으로 신뢰성 있는 정보를 모아야 한다.

이 과정에서 사이코패스가 방어적이거나 거짓된 반응을 하는지도 동시에 감지해야 한다. 전문가를 향한 저항이나 적대감을 최소화하여 정보 수집과정에 줄 수 있는 부정적 영향을 최소화해야 한다. 어쩌면 가장 중요한 부분일 수 있는데 사이코패스 자신이 면담 중 진술한 내용과 제삼자인 주변인의 관찰이나 주장 혹은 다른 사람하고 한 면담 내용 간에 차이를 보인다면 이에 대해 적절하게 도전시키거나 챌린징(challenging)해야 한다.

마지막으로 각 거짓에 대한 직면(confrontation)을 잘 관리하여 면담을 이어나가는 것이 핵심이다.

사이코패스 내담자의 경우 언제든 누군가로부터 이익을 얻을 수 있다고 판단하면 상대적 우위나 주도권을 가지려 한다. 예를 들어 전문가 자신에 대해 부정적 생각을 하는 것으로 느낀다면 전문가의 전문성과 위치를 치켜세우며 아부하고 자신을 좀 더 특별하게 돋보여지기를 기대한다. 이를 소위 자기 과시적 성향이라 말한다. 반대로 사이코패스 범죄자가 여성이라면 나이가 어리거나 젊고 유능한 매력적인 여성 전문가를 경쟁자로 받아들여 면담의 목적과 상관없이 면담 역할에서 불필요한 주도권을 쥐려고 한다.

전문가들은 이런 반응이 사이코패스와의 첫 면담에서 충분히 있을 수 있음을 예상하고 사이코패스가 어떤 측면에서 주도권을 잡으려 하는지 알아야 한다. 이전 사이코패스 면담 경험에서 지나친 그의 아첨이나 입담에 속아 넘어가지는 않았는지, 사이코패스와의 경쟁 구도에 자기도 모르게 휩쓸리지는 않았는지 살펴보아야 한다. 먼저 전문가 스스로 자신의 강점이 무엇이고 치명적 약점이 무엇인지를 이해해야 하며 이후 면담에서 실수를 반복하지 않도록 주의해야 한다. 이런 측면에서 전문가는 자기 자신을 가장 잘 알아야 한다.

사이코패스가 면담에서 주도권에 집착하는 지배성 욕구를 전문가는 온건하게 해결해줄 수 있어야 한다. 이미 사이코패스에게 주도권이 있음을 알려주는 다양한 암시나 몸짓을 보여 불필요하게 주도권 싸움에 휘말리지 않도록 해야 한다.

"내가 당신을 어떻게 불러주면 좋겠냐? 나랑 오늘 면담하는 것이 괜찮으냐? 지금 마음 상태는 어떠냐? 중간에 휴식이 필요하다고 생각하면 언제든지 나에게 알려 달라."

아니면 몇 가지 대안적인 선택사항을 제시할 수도 있다.

"제가 ○○○ 씨 혹은 그냥 선생님으로 부를까요?, 괜찮으시다면 오후나 내일 다시 면담을 진행해도 될까요?"

이런 질문은 사이코패스 스스로가 통제권을 갖고 있음을 느끼게 하기에 불필요한 주도권 싸움을 방지한다. 이런 형태의 질문들은 전문가가 사이코패스에 대해 진정한 호기심을 갖고, 알고 싶어 하며, 자신의 의견과 생각이 면담에서 중요하다는 것을 알게 하는 중요한 도구이다.

사이코패스 내담자 면담에서 '거부 혹은 저항'이 중요하다.

사이코패스 내담자가 면담 과정에서 저항하는 경우 면담을 강제 종료할 수밖에 없다. 면담의 목적 또한 달성할 수 없다. 무엇보다도 면담을 계속 이어갈 수 있는 상황을 만드는 것이 아주 중요하다.

사이코패스 성향의 내담자가 적대적인 태도를 보이면 사건 혹은 사실 그 자체를 먼저 이야기하기보다 개인적 감정에 더 호소할 필요가 있다. 부드럽고 치켜세우는 듯한 어조로 대응할 필요가 있고 전문가의 진정성을 느끼게 하는 방법의 하나로 약간은 깊게, 그러면서도 천천히 분명한 어조로 상대방을 응시하며 진중하게 이야기하는 식이다. 특히, 면담 초기에 적대적인 태도를 보였으면 더 이런 태도의 전환이 필요하다.

사이코패스 내담자의 체면을 치켜세워 주는 게 중요하다. 이를테면 지금 무슨 일이 있었는지보다 과거에 무슨 일이 있었는지를 물어보아야 한다. 특정 시점에 무엇을 했는지를 질문하기보다 보통 일상적으로 무엇을 했는지 등을 물어봄으로써 내담자가 생각하는 중요한 일들을 이야기하게끔 이끌어야 한다.

사이코패스 범죄자의 거짓말

범죄자는 자신의 정보를 왜곡 전달하거나 거짓된 정보를 전달하는 경우가 허다하다. 이런 정보를 조작함으로써 자신에 대한 우호적인 평가를 유도하거나 전문가를 속이는 것 자체에 쾌감을 느낄 수 있다. 결국, 전문가가 사전에 얼마나 내담자에 대해 준비를 잘 하느냐가 면담의 성공과 직결된 셈이다.

아무런 정보 없이 내담자와 면담을 진행하는 것은 의미가 없다. 통상 전문가 면담 과정 중에 지나치게 메모에 주의를 둠으로써 눈을 마주치지 못하거나 표정에서 나타나는 미세한 감정의 변화를 놓치지 않아야 한다. 메모함으로써 내담자는 자신이 조사를 받는다는 느낌을 받고 더 방어적으로 중요한 정보를 빠트리거나 의도적으로 왜곡할 수 있다.

일반적으로 셰퍼드와 그리피스(2013)가 이야기하는 거짓말 탐지로 면담 과정에서 전문가가 중요하게 생각하는 유형을 간략하게 제시했다.•

① 먼저 문제가 무엇인지 생각해야 한다.

범죄자에 대한 상세정보가 빠졌다거나 과도하게 미리 준비된 진술, 상식적으로 기대할 수 있는 세부 정보의 누락, 비일관적인 정보 제시 등이 있을 수 있다. 이런 부분을 소위 확인이 필요한 혹은 더 탐색이 필요한 핫스팟(hotspot)이라고 한다.

② 문제를 직감적으로 느껴라.

진술한 내용이 실제 불가능하거나 이상할 정도로 터무니없다면 정보의 신뢰성이 일단 부족한 것이다.

③ 구체적인 정보를 주려고 노력하는지 확인해라.

특이하지 않은 일상 정보를 반복적으로 늘어놓으며 최소한의 정보이외에 어떤 이유로 인해 더 이상의 구체적인 정보를 줄 수 없다고 이러저리 핑계를 댄다.

④ 회피하는지 확인하라.

대화 주제를 갑자기 바꾸거나 전문가의 질문을 얼버무리거나 오히려 반문하거나 이에 대한 응답을 피하려 한다. 때론 대화 주제와 상관없는 이야기를 주절 거린다.

⑤ 방해 행동이 있는지 확인하라.

대화 중에 갑자기 화를 내며 감정적으로 바뀌었다. 전문가에게 모욕을 주거나 위협하고 주변인으로부터 도움 받거나 협조하기를 거부하려 든다.

⑥ 마지막으로 중요한 표현적 행동을 살펴보라.

특정 대화 주제에 말을 더듬거나 이상한 특이성을 보인다. 대표적으로 갑자기 중요한 질문에 답할 때 멈춘다든지, 목소리 피치나 발화율 변화를 보인다. 혹은 두서없이 산만하게 대답한다.

이렇듯 확인 작업을 거쳐야 하는 이유는 평가과정에서 사이코패스의 진술 혹은 차이 특히 자신의 진술과 타인의 진술 간 비일관성에 대해 확인이 꼭 필요하기 때문이다. 이때 전문가가 알아야 할 기본지침이 있다. 일단 내담자의 기본 성격과 행동 패턴에 대해 이해를 하고 있어야 하며 최소한 신뢰할 수 있는 정보에 기반을 둔 면담 전략이 사전에 잘 준비되어야한다.

앞서 이야기했지만, 전문가 스스로 자신의 대화 성향, 약점, 불안,

두려움, 장점을 정확하게 알고 있어야 한다. 전문가 스스로 성향에 따라 사이코패스를 도전하거나 직면시키는 데 어려움을 호소하고 불편을 느낄 수 있다. 특히, 친화성(agreeableness)과 개방성(openness) 성향이 높은 전문가는 내담자의 진술에 도전하여 직면시키는 데 다소 어려움을 느끼기도 한다.

이런 성향을 지닌 전문가라면 사전에 더 많은 정보를 파악하고 세부적으로 질문을 준비해야 면담에서 자신의 불편감을 들 수 있다. 반대로 친화성이 낮은 전문가의 경우 상대적으로 불편을 덜 느끼며 도전 혹은 거짓에 직면시킬 수 있다. 하지만 조심해야 할 부분은 어떻게 하면 사이코패스를 좀 더 매끄럽고 자연스럽게 직면시킬 수 있을지 고민해야 한다. •

우리는 사이코패스를
어떻게 치료할 수 있는가?

사이코패스를 치료하는 방식은 크게 두 가지로 구분할 수 있다. 사이코패시 성격장애가 갖는 특질이나 성격적 특성. 이를테면 정서성과 대인관계(요인1)와 관련된 증상을 치료하는 것과 다른 하나는 범죄 행동 즉, 외현적으로 보여지는 충동성과 반사회성(요인 2)을 치료하는 방식이다.

스티븐 웡(Stephen C. P. Wong)은 "사람의 성격 구조를 바꾸는 것은 거의 불가능한 일이면서 비현실적인 일이다"라고 했다.●

캐나다 교정심리학자인 웡은 PCL-R의 2가지 요인을 이용하여 크게 사이코패시 성격장애 치료 구성요소를 두 가지로 구분했다. PCL-R 요인 1과 관련된 사이코패시 성격 특질이 그 첫째이고 PCL-R 요인 2와 관련된 만성적으로 경험하는 반사회적 행동과 불안정한 범죄성이 둘째 요인이다.

첫째 요인은 치료개입 행동과 범죄유발적(criminogenic) 구성요소인으로 구분한다.

웡은 효과적인 치료를 위하여 대인관계 요인을 잘 관리하면서 실질적으로 범죄유발적 위험 요인을 감소시키거나 변화시켜야 한다고 주장한다. 따라서 웡은 만성적인 반사회적 경험치를 떨어뜨리면 자연적으로 사이코패스 성향을 줄여줄 수 있다고 보았다.*

문제는 PCL-R은 사이코패시를 평가하는 도구 중 하나일 뿐이기 때문에 사이코패시 성격장애를 좀 더 폭넓게 담아낼 필요가 있다. 또한, 범죄유발적 위험 요인 치료는 단순히 사이코패스 성향의 범죄자에게만 독특하게 나타나지 않는다. 많은 연구에서 사이코패스가 갖는 고유성은 다름 아닌 '대인관계' 특성에 있다.

반사회성 혹은 충동성(요인 2)이 일반적인 탈억제성 다른 말로 충동성과 관련되어 있다. 이 탈억제성(일종의 충동적 생활양식)은 본질적으로 정서성과 대인관계(요인 1)와는 다른 기능을 갖고 있다. 따라서 단순히 반사회성과 충동성을 수치상으로, 통계적으로 줄인다고 해서 사이코패시 성격장애를 근본적으로 치료한다고 말할 수 없다. 다시 말해 반사회성과 충동성에 대한 치료를 사이코패스 치료라 할 수 없다.

이에 필자는 다시 다음과 같은 질문을 던진다. 정서성이나 대인관계에서의 핵심적인 사이코패스 성향은 변화가 거의 불가능한가?

아직 이 질문에 대해 명확한 답변을 할 수 있는 단계는 아니다. 다만 최근 연구를 보면 경계선 성격장애와 같은 전혀 치료되지 않을 것 같던 성격장애도 최근 점진적으로 임상적 개선을 보였다.*

사이코패시 성격장애의 경우 다른 성격장애와 공존(이환; 두 개 이상의 서로 다른 성격장애가 동시에 발병하는 것)하며 대표적으로 경계선 성격

장애 등과 임상적인 영향을 미치는 경향이 있다.•

최근에는 사이코패스 특정을 치료하기 위한 다양한 집단 프로그램을 적용하고 있다. 과도한 자존감, 오만한, 낮은 공감력, 냉담함과 죄책감 결핍, 사기, 병적인 거짓과 조종 등의 성격적 특징을 개선하기 위한 통합적 프로그램이 연령과 환경 수준을 달리하여 나타나고 있다.

사이코패스 유형에 따라 몇몇 연구자는 심리치료를 달리 취할 필요가 있다고 제기한다. 카프먼에 따르면 일차(primary) 사이코패스, 허비 클레클리가 처음에 주장했던 사이코패스와 유사한 정서적 결핍을 보이며 얕은 감정과 타인의 정서에 무정한 유형을 말하며 이차(secondary) 유형은 즉 신경증적이면서 부정적 정서성이 높아 불안, 기분장애, 짜증 등을 보이며 사회적 관계에서 회피적이고 타인에 대한 반응으로 공격성을 보이며 조발성 비행 행동 비율이 높은 유형이다.•

이차(secondary) 유형은 치료에 더 안정적으로 참여를 하고 치료 동기를 높게 나타내지만, 치료 반응성 즉 적대적 행동 변화에서는 차이가 없었다.• 다른 연구에서는 오히려 이런 이차(secondary) 유형이 치료 이후에 더 재발할 우려가 크다고 보고한다. 치료자는 불안하고 치료 이후 다시 범죄를 더 잘 저지른다.•

높은 수준의 청소년 사이코패스 치료

청소년 사이코패시 정도를 측정하기 위해 PCL-R: YV을 사용하거나 품행장애 진단 항목에 있는 "냉담성-무정함(Callous-Unemotionali-ty)" 성향(공감력 결핍, 죄책감 결핍, 무정함, 감정 표현 부족)을 평가한다.● 사이코패스 성향의 청소년이 막연히 어떤 심리치료에도 효과가 없을 것이라는 편견을 가지기 십상인데 어떤 연구에서도 이들을 치료할 수 없다는 사실을 방증하지 못하고 있다.

다양한 치료를 통해 어린 시절 냉담함과 차가움은 변화할 수 없는 것이며 이후 이런 기질을 가진 아이가 성인이 되어 사이코패스가 될 것이라는 일종의 암시에 대한 근거 자료도 존재하지 않고 있다.●

높은 사이코패스 성향이 있는 청소년은 일반 청소년에 비해 특별히 다른 어떤 부류가 아니다. 경향성의 차이일 뿐이다. 호킨즈 등에 따르면 사이코패스가 높은 청소년도 그렇지 않은 청소년과 마찬가지로 발달 과정상 같은 또래 친구의 영향을 많이 받는다. 비행 또래나 조직 폭력배 구성원이 일종의 핵심적인 위험 요인이 될 수 있다고 한다.●

스테인버그 교수는 또래와 같이 있을 때 더 많은 비행성향을 보이며 집단으로 폭력을 보이고 동료 영향에 낮은 저항성을 보이지만, 혼자 있을 때는 낮은 비행성향을 나타낸다고 지적했다.● 이런 점들이 공통적으로 시사하는 바는 사이코패스라는 핵심적인 기질보다는 청소년기의 발달과정이 더 중요하다는 점이다. 발달과정에서 이들이 개선의 기회와 선택의 폭이 넓어진다면 다른 이야기로 전개될 수 있다.

사이코패스 청소년을 치료할 때 중요한 점은 일반적인 심리치료가 아니라 이들만을 위한 '집중 치료 집단 프로그램'이 있어야 한다. 연구에 따르면 통상 최소한 45주 정도의 회기와 위험성-욕구-반응성

(RNR; Risk-Need-Responsivity) 모델에 기반을 두어 처벌, 금지나 제한 보다는 사회적 기술, 반사회적 연결과 비행 또래를 대체할 수 있는 전통적이며 건전한 사회망을 만들고 권위적 대상에 대한 적대성을 줄여 사회와 개인에 대한 부정적 태도를 낮추도록 도와주어야 한다.

캘드웰 교수 등에 따르면 이렇게 할 경우 이들의 심리치료가 7배 이상 효과를 보일 수 있다고 한다.*

앤드류와 본타가 제시한 위험성-욕구-반응성(RNR)모델은 무엇인가?

교정에서 위험성 관리를 위해 흔히 사용하는 위험성-욕구-반응성 모델이 학계에서 가장 설득력을 얻고 있다.* 평가자와 단체는 위험성, 욕구, 반응성 원리를 준수하고자 노력해야 하는데, 그 이유는 메타분석 연구에 따르면 위험관리 혹은 치료 프로그램에서 이러한 원리들을 더 많이 다룰수록 폭력 재범을 포함한 재범률이 더 많이 감소한 것으로 나타났기 때문이다

위험성 원리

일반적으로 위험성이 더 높은 사례의 경우 높은 강도의 관리를 받고, 반면에 더 낮은 경우는 낮은 강도의 관리를 받는 것을 말한다.

욕구 원리

범죄유발 욕구라고도 불리는 역동적 위험 요인(가변적인 위험 요인)을 표적으로 삼아 관리해야 함을 의미한다. 메타분석에 따르면, 치료

프로그램에서 비-범죄유발 욕구 대비 범죄유발 욕구의 비율이 더 높을수록 재범률이 더 낮아진다.

반응성 원리

프로그램 이수자의 학습 방식과 일치하거나 이 학습 양식에 민감하게 반응하는 방식으로 프로그램을 전달해야 한다. 이를 일반적인 반응성이라고 한다.*

전형적으로, 연구에서 구조화된 인지행동 접근과 사회학습 접근이 범죄 감소에 가장 효과적인 것으로 나타났다. 특정 반응성은 한 개인이 프로그램에서 혜택을 얻을 수 있는 능력에 부정적인 영향을 끼칠 수 있는 모든 개별 요인들도 다뤄야 함(집단 치료의 맥락에서의 사회 불안 요인들)*을 의미한다.

이들이 가지는 냉담함-무정함은 범죄 예방에 방향성을 두고 일정 기간 집중적이면서도 청소년 특성과 상황에 잘 조율된 프로그램에 중요한 기능을 하고 있다. 대표적인 예가 1998년 헨젤러 등이 제시한 다체계적 치료(Multi-systematic therapy)이다. 이는 장기간에 걸쳐 전통적인 가족 협력에 기반을 둔 통합적 집중 집단 프로그램이다.*

개인, 또래, 가족 구성원 모두가 연관된 다양한 수준의 위험성을 동시에 다룬다. 크리스토퍼 패트릭 교수에 따르면 이 치료는 일종의 탈억제적 기제인 외현적 행동문제, 약물 남용, 정서적 문제를 개선해준다고 한다.*

청소년이 경험하는 위험성과 욕구에 잘 맞게 조정된 프로그램을 적용하며 특히 냉담함-무정함과 더불어 융통성 있는 프로그램을 집중적으로 실시한다. 결과적으로 이 치료는 사이코패스 성향이 있는 비행 청소년에게 더 적합하다.

역기능적 가정, 학교에서의 이탈과 부적응, 반사회성이 높은 또래와의 접촉을 통합적으로 살펴보며 사회적 기술을 기능적으로 발달시킴으로써 부모와 관계를 회복시키고 부모가 자녀를 어떻게 양육해야 하는지 가르친다. 이 기법은 전략적 가족 치료, 구조적 가정치료, 혹은 인지행동치료에 4~6개월의 기간을 두고 집중개입 형식으로 이루어진다. 이 치료법에는 크게 9가지 핵심 원칙이 있다.

① 내담자는 일련의 다양한 계층과 체계(집단)에 속해 있다.
② 치료자는 내담자 스스로가 변화할 수 있도록 도와 이미 존재하는 긍정적 체계를 이용할 수 있도록 해야 한다.
③ 개입시 가족 구성원의 책임감이 중요하다.
④ 현 시점과 행동 변화를 중심으로 이루어진다.
⑤ 개입은 아주 구체적인 행동을 목표로 설정한다.
⑥ 개입은 아이의 발달상 나이와 치료자가 만들고자 하는 변화와 적절히 맞아 떨어져야 한다.
⑦ 가족 구성원은 개입이 나타날 수 있도록 구체적으로 행동으로 옮겨질 필요가 있다.
⑧ 개입의 평가는 다양한 관점에서 이루어져야 한다.

⑨ 개입은 다양한 환경에서 장기간 적용돼야 한다.

사이코패스 성향이 강한 청소년에게 일반적인 혹은 표준화된 치료 프로그램을 적용하기보다 오히려 발달 과정상 사회에 잘 통합되어 적응적으로 살아갈 수 있도록 도와야 하며 특히 범죄유발적 요인들, 개별적으로 처한 사회적 환경, 특히 가정이라는 체계 내에서의 요인들을 탐색하고 개입해야 한다.

사이코패시 치료개입 프로그램을 위한 몇 가지 지침•

헤어와 윙(2005)은 앞서 언급했듯이 기본적으로 사이코패스 치료 프로그램의 일차적인 목적을 반사회적 행동을 완화하는 것이지 사이코패스의 해악적 성격 특질 그 자체를 변화시키는 것이 아니다.

타인과 자신에게 직접적인 위해를 끼칠 수 있는 요인을 선택적으로 치료해야 할 필요성을 지적했다. 이 치료개입 프로그램은 일종의 응급 처치는 될 수 있지만, 근본적인 처방을 내릴만한 치료는 아니다.

다만 헤어와 윙은 안내지침을 통해 몇 가지 효과적인 프로그램을 소개하고 있다. 대표적으로 약물이나 알코올 남용을 예방하기 위한 다양한 개입이 포함된 프로그램으로 반사회적 사고나 가치관으로 벗어나 타인에 도움이 되거나 적극적인 자세와 태도 혹은 친 사회적 행동을 촉진하기 위한 프로그램이다.

이를 위해 적절한 역할모델을 제시하고 이들의 행동을 관찰하며 모방하고 적절하지 못한 행동을 수정하여 문제행동을 개선하고 치료하는 기법이다. 참가자의 동기를 강화하고 치료 중, 중도 일탈을 막기 위해 동기(부여)치료(motivational interview)를 포함한 인지행동치료(cognitive behavioral therapy)이다.

하지만 이들을 대상으로 폭력 행위나 범죄성과 관련이 없는 일반적인 불안이나 우울증 치료, 자존감 훈련과 같은 일반적인 심리치료, 사회 기능적으로 문제없는 교육 및 직업 기술의 향상 등을 다루는 프로그램에서는 사이코패스 치료 측면에서 아무런 효과가 없다고 지적했다.

사이코패스를 대상으로 하는 동기 강화 치료(MI)

윌리엄 밀러와 스테판 롤닉이 개발한 동기 강화(motivational interview) 상담은 개별 특성에 맞춰진 개입으로 자신이 어떤 행동에 어떤 문제를 보이는지 스스로 깨닫게 하여 자각력을 높이고자 하는 목적을 설정하고 있다.•

핵심은 행동 변화를 위해 내담자와 협력하여 비 판단으로 공감적 태도를 보이며, 변화에 대한 이유를 탐색하고, 그들의 관점을 함께 논의한다. 특히, 사이코패스 성향의 내담자와 불일치를 최소화하고 스스로 적극적인 변화 주체가 되게 한다.

행동 변화에 대한 저항으로 반대 의견을 가지고 있다면 치료자는 내담자의 핵심적인 감정이나 반대 의견을 검증하되 변화에 대한 저항에 직접 도전하지는 않는다. 대신에 내담자 스스로 변화가 필요할 수 있다는 생각을 가지도록 전략적으로 지지하며 안내하는 일종의 '촉진자' 역할을 할 뿐이다.

따라서 변화를 결심하고 개입에 대한 참여와 결정은 다름 아닌 사이코패스 자기 자신이 되는 셈이다. 사이코패스 성향의 내담자에게 있어 가장 중요한 것은 다름 아닌 스스로 변화의 동기를 마련해 주는 것이다.

동기 강화를 통해 내담자의 내적 변화 동기를 끌어내며 치료 참여에 적극성을 유도한다.* 아직 사고의 유연성이 있다고 보는 고위험군의 어린 청소년에게 매우 유용하다. 자기 생각과 행동을 무시 받아왔던 이들에게 자신의 의견을 말하고 이를 검증할 기회를 제공함으로써 실질적인 치료 효과를 볼 수 있다.* 개인 상담을 목적으로 만든 상담 기법이지만 집단을 구성하여 프로그램을 진행하기도 한다.

이 프로그램은 구성원 간 변화 이야기, 자발성과 공감 증진에 관련이 있다.* 최근에는 약물 남용과 사이코패시 성격장애를 앓는 청소년을 대상으로 치료를 시도하고 있으며 종단적 수준에서 고위험성을 줄이고 있다는 결과가 있다.* 특히 마리화나 사용이나 폭력적 행동, 알코올 남용에 효과적이라는 연구 결과도 있다.* 그리고 살레킨 교수 등의 연구에선 유의미한 수준에서 '냉담함-무정함'을 보이는 청소년 범죄자의 사이코패스 성향 수준을 동시에 낮춰주었다.*

사이코패스에 가장 효과적인 치료기법
: 스키마 치료와 인지행동 치료

인지행동치료는 자동적 사고와 스키마 두 가지 큰 주제로 구성되어 있다. 자동적 사고와 스키마를 변화시킴으로써 사람을 변화시키는 치료방식이다.

내담자의 인지에 초점을 두어 문제를 이해하고 이런 인지 변화를 통해 행동 변화를 불러일으킨다. 이 치료법은 치료자와의 상호협력이 중요하며 사이코패스 내담자의 적극적 참여가 선결되어야 한다.

자신과 세상에 관해 왜곡하여 인식하고 있으며 문제가 있는 행동을 보이는 것이 핵심이다. 따라서 타인에 대한 부정적 신념을 수정하고 외현적으로 나타나는 문제가 있는 행동을 어떻게 수정할 것인지 고민한다.

인지행동치료와 스키마 치료를 기반으로 한 대표적인 사이코패스 치료 집단 프로그램은 크로미스 프로그램(Chromis programme)와 폭력감소 프로그램(Violence Reduction Program) 두 가지이다.

캐나다에서 고든과 윙이 교정기관·시설에서 사이코패스 치료를 위해 개발한 폭력감소 집단 프로그램*은 18세 이상의 성인 범죄자를 대상으로 하며 사이코패스의 폭력 행동 빈도와 강도를 줄이고, 공격성과 폭력성을 일으키는 반사회적 태도와 행동을 감소시키기 위해 '위험성-욕구-반응성' 모델을 기반으로 개발했다.* 동시에 폭력을 대체할 수 있는 효과적인 대인관계 기술을 촉진하는 것이 목적이다.

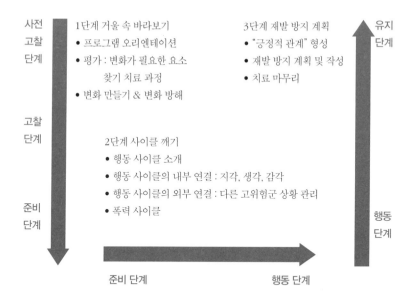

1단계 거울 속 바라보기
• 프로그램 오리엔테이션
• 평가 : 변화가 필요한 요소
  찾기 치료 과정
• 변화 만들기 & 변화 방해

3단계 재발 방지 계획
• "긍정적 관계" 형성
• 재발 방지 계획 및 작성
• 치료 마무리

2단계 사이클 깨기
• 행동 사이클 소개
• 행동 사이클의 내부 연결 : 지각, 생각, 감각
• 행동 사이클의 외부 연결 : 다른 고위험군 상황 관리
• 폭력 사이클

준비 단계   행동 단계

VRP 3단계 치료 모델 전개도

폭력감소 프로그램 모델은 삼 단계로 구성하고 치료 기간은 평균적으로 12개월 정도이다.•

1단계는 거울 속 들여다보기(Looking in the Mirror)이다.

말 그대로 참여자에게 공격적 행동의 근원과 유지에 대한 이해를 높이고 치료 목표들을 탐색하고 상호 간 치료적 동맹 관계를 맺는 것과 관련 있다.

2단계는 사이클 깨기(Breaking the Cycle)이다.

공격성과 폭력성에 영향을 주는 사고나 정서와 관련된 행동 패턴을 확인하고 이를 재구조하거나 변화시키는 데 집중한다.

3단계는 재발 방지(Relapse Prevention) 계획 만들기이다.

프로그램을 통해 배운 기술과 대처전략을 다양한 맥락과 환경에 일반화하여 폭력 위험성을 감소시키는데 주안점을 두었다.

단계마다 구체적인 행동 목표들이 정해져 있고 다음 단계로 넘어가기 위해서는 이전 단계를 성공적으로 이수해야 한다. 특히 모든 폭력 감소 프로그램 단계 과정에서 세션과 상관없이 실생활에서 적용해 볼 기회를 제공하며 특히 교도관, 치료자, 담당 직원 모두 프로그램에 참여하여 치료 효과를 극대화한다.

예를 들어 두 번째 단계인 사이클 깨기에서 사이코패스의 폭력성에 영향을 주는 역기능적 사고와 반사회적 태도, 부정적 신념, 생각 오류(thinking errors)[11], 폭력 행동 사이클 간의 관계를 아래의 사례를 통해 간단히 살펴보자.

김진성은 도움을 주려는 교도관을 무시하고, 모든 교도관이 나쁜 사람이라고 생각했다. 마찬가지로 주변 교도관은 김진성을 변화할 의지가 없는 또 나쁜 범죄자로 보았다. 이런 사고가 어떻게 교착상태를 초래하는지를 깨달아야 한다. 이런 상황에서는 모두가 부정적인 사고 패턴에 갇혀 아무런 이득을 얻지 못한다.

고정관념은 사람을 인식하는 방법에 주로 적용한다. 그러나 과 일반화는 사람, 사물, 상황에 모두 적용할 수 있다. 이런 유형의 생각 오류에서는 '모두, 전혀, 항상, 아무것도, 아무도, 모든'이란 말에 언어적

---

11 대표적인 예로 흑백 사고의 오류, 파국적 사고, 과 일반화, 의미 축소 혹은 확대 등이 있다

특성이 있음을 알 수 있다.

특정 집단의 한 사람이 무례하다면, 그 집단의 다른 모든 사람이 무례하다고 가정(假定)한다. 만약 예전에 실패한 것을 하려고 시도할 때 "나는 아무것도 배울 수 없는데 노력하는 게 무슨 소용이야."와 같은 대화를 사용한다면 과 일반화를 하는 것이다.

담당 교도관에게 개인 면담을 요청했는데, 다른 업무 때문에 특정 시간에 면담할 수 있다는 말을 듣는다면, 이러한 사람은 "내 담당자는 항상 바빠서 나를 상대할 시간이 없다. 나는 이제 내 담당자에게 면담을 요청하지 않을 것이다."라는 생각 오류에 빠질 수 있다.

이런 유형의 관계에서 변화와 발전으로 이어질 수 있는 기회가 상실 된다. 다시 말해 이를 타인과 지지적 관계로 발전시킬 수 있는 가능성의 상실, 서로가 불행함에도 불구하고 변화를 취하지 않는 상태라고 말한다. 따라서 이 프로그램은 사이코패스에게 자신이 갖는 생각 오류 종류를 확인하게 하고 스스로 타당성을 점검할 수 있게 한다. 행동 변화 이전에 사고의 변화라 할 수 있다.

다음은 사이코패시 성격장애 내담자가 갖는 생각 오류의 대표적 사례들이다.

- 절대, 무조건, 반듯이 같은 생각은 의견의 경직성, 다양한 관점에서 상황을 볼 수 없게 한다. 모순된 관점을 무관하다고 무시하는 강한 경향이 특징이다.

- 과일반화: 사고오류의 한 예로 고정관념을 갖고 있다. 항상, 절대와 같은 단어와 함께 발현된다.
- 고정관념: 과거의 경험에 근거해서 다른 사람들을 특정 범주로 묶는다.
- 파국화: 최악의 상황을 생각하면서 긍정적인 면은 무시하고 부정적인 면에만 초점을 맞춘다.
- 깔보기: 행동의 심각성을 낮게 평가한다.
- 비난/외현화: 본인의 행동에 대한 비난을 다른 사람에게 돌린다. 그 사람이 그것을 요구했다, 그 사람은 내가 약속 시각보다 늦게 도착하는 것을 안 좋아한다는 것을 안다 등을 예로 들 수 있다.
- 마음 읽기: 어떤 사실에 근거하지 않은 채로 타인의 생각, 감정, 동기 등을 추측하는 것이다.

튜와 애킨슨은 2008년부터 스코틀랜드 웨스트게이트(Westgate) 교도소에서 성폭력 범죄를 저지른 사이코패스 집단을 치료하기 위해 5년여의 세월을 들여 크로미스(Chromis programme)라는 집단 프로그램을 만들었다.* 법심리학자인 두 사람은 사이코패시 성격장애 자체를 변화시키는 것이 어렵다 보고 폭력적 범죄 성향의 개별 위험성을 줄이고자 했다. 이런 면에서는 고든과 웡의 폭력감소 프로그램(VRP)과 크게 다르지는 않다.

크로미스 프로그램은 사이코패스의 과거력에 집중하지 않고 현재 문제행동을 적절히 이해하고 친 사회적 방식으로 사회에 적응하게끔

하는데 기반을 두고 있다.

모든 사이코패스에게 같은 방식으로 치료하는 것이 아니라 치료방식과 수준을 개인의 지능과 교육수준, 이해력, 욕구와 강점, 위험성, 그리고 개선점이 무엇인지 파악하여 차별적으로 접근하고자 했다. 이런 측면은 현실치료와 유사한 부분이다.

치료는 각 섹션 별로 1시간을 넘지 않으며, 각 구성요소 내 섹션의 시간에 변화를 주어 집중력 부족으로 인한 지루함을 들어내고자 했다. 진행 기간은 짧게는 2년 반에서 길게는 3년이며 크게 5개 구조로 이루어져 있다. 각 단계는 주로 갈등이나 문제에 대해 친 사회적인 방식으로 대처할 수 있는 실질적 기술을 익히고 습득하는데 주안점을 둔다.

1단계는 '선택에 대한 전략 단계'이다.

참여자에게 크로미스에 대해 소개하여 촉진자와 투명하고 정중한 관계의 분위기를 만든다. 내담자가 크로미스에 참여하고자 하는 의지나 동기가 가장 중요하며 치료자는 가르침과 지시가 아니라 사이코패스가 스스로 합리적인 선택 능력을 키우거나 도움을 주는 협력자나 촉진자의 역할을 할 뿐이다. 따라서 사이코패스의 권리와 인생 방향을 선택하는 능력을 존중하여 주면서 사이코패스와 프로그램 진행 과정에서 가질 수 있는 불필요한 주도권 싸움을 미리 방지할 수 있다.

2단계는 동기 및 개입(motivation & engagement) 구성요소이다.

12개의 개별 세션으로 구성하고 참여자는 치료와 다른 활동에 집중할 수 있게 한다. 참가자들이 치료에 건설적으로 참여하도록 독려

하고 자신의 장점과 가치를 발견하여 미래에 실질적인 변화가 이뤄지도록 촉진한다.

　이때 사이코패스가 지금껏 원하고 관심을 두는 것이 무엇이었는지 그리고 어떠한 방식으로 이를 성취해 왔는지를 이해하는 데에 집중한다. 객관적으로 자신을 바라보는 능력을 이해시키고 그렇지 못한 자신의 모습을 직시하게끔 이끈다.

　3단계는 인지적 기술(cognitive technique) 구성요소이다.

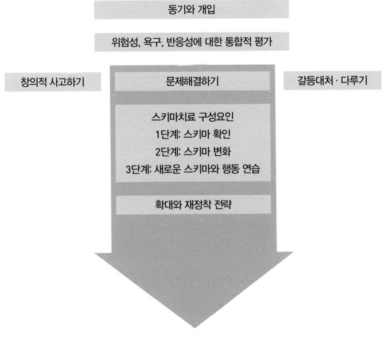

Ehromis 프로그램 치료 및 개입 전개도

244

이 구성요소는 또다시 창의적 사고하기, 문제해결하기, 갈등대처·다루기 등 3가지로 이루어져 있다.

창의적 사고하기는 20개의 세션으로 구성되고 문제해결, 목표성취, 다양한 기회발견과 지루함·권태에 대한 대처할 수 있는 창의적 기술을 익히고 이를 발전시킬 기회를 제공한다.

문제해결하기는 17개의 세션으로 구성하고 참가자들이 합리적 추론·의사결정을 통해 문제를 정의하고 해결할 수 있는 실질적 기술을 제공한다.

갈등대처·다루기는 크게 21개의 세션으로 구성되고 친 사회적으로 갈등 상황을 이해하고 이에서 벗어나게 하거나 대처하도록 하고 적절하게 조율할 수 있는 기술을 발달시킨다.

마지막 단계는 스키마 치료이다.

다빈슨에 따르면 이 스키마 치료는 성격장애 치료에 최적의 인지행동치료를 기반으로 한 고강도의 개입이다.* 폭력성과 일탈 행동들을 감소시키기 위해 개인의 스키마와 믿음체계를 찾아 변화시키고 적응적 행동을 일상생활에 적용하여 유지하는 것이다. 실제 크로미스는 사이코패스를 대상으로 치료를 하고 있으며 몇몇 연구에서 유의미한 치료 효과가 있는 것으로 나타났다.

구체적으로 치료 전후를 비교해 보면 치료를 진행할수록 신체적인 폭력과 언어적 학대 수가 점차 줄어들었다. 모리스 연구에 따르면 감정을 조절하고 적대적 사고유형과 태도에서 긍정적인 변화를 보였다. 특히, 14명의 사이코패스 집단이기는 하지만 95%의 참가자가 치료 이후 변화를 보였다.*

　리엘 연구에서도 스키마 치료 이후 신체적 폭력에 대한 보호 요인으로 작용하여 폭력성을 억제에 유의미한 역할을 하는 것으로 나타났다.* 하지만 단점은 역시나 오랜 기간 진행되는 프로그램이다 보니 비용이 많이 들고 아직 그 효과성이 명확하게 검증되지 않았다는 점이다.

우리에겐 아직, 희망이 있다.

사이코패스에 대한 막연한 두려움에서 벗어나기를 바란다. 짧지 않은 국내의 사이코패스 연구와 비교하면 최근 30년간 국내에서 사이코패스에 의해 벌어지는 범죄의 수준과 해악성은 치를 떨게 만든다. 많은 이들은 이런 사이코패스를 애써 외면하거나 무시하려 든다. 바로 인지부조화 때문이다.

사이코패스를 생각하면 불편한 마음이 들기 마련이다. 감당할 수 없는 무능력은 우리의 관심사로부터 이들을 밀어낸다. 회피적 접근이다. 필자가 원하는 것은 독자분이 이 책을 통해 사이코패스에 관해 갖는 흔한 편견과 오해를 이해하고 불필요한 두려움과 불안에서 벗어났으면 하는 것이다.

사이코패스는 이분법적으로 우리와는 다른 외계인이 아니다. 우리는 사이코패시라는 성격적 요인을 모두 갖고 있다. 어떤 이는 이런 특성이 극단적으로 나타나기도 하고, 어떤 이는 적응적 수준에서 나타나 일부 성공을 거두기도 한다. 따라서 우리가 매일 경험하는 일상에서 우리는 이런 유의 사람을 만나 아무렇지 않게 지내고 있다.

그런데 우리는 쉽지 않게 사이코패스 같은 사람들을 만나며 어떻게 할 것인지 절규한다. 직장상사이지만 도저히 말이 통하지 않고 기계적이며 무표정한 그들은 사이코패스 경향성이 아주 높은 사람이다. 그들이 우리의 상사로 있는 한 반복해서 가학적으로 괴롭히며 그에 대해 죄책감을 전혀 느끼지 않는다. 이들로 인해 상처받고 괴로워하며 무기력감에 우리는 빠져든다. 도저히 헤어 나올 수 없는 올무에 갇힌 그 느낌을 아는가?

필자는 이 책을 통해 이들에 대한 실체를 바로 인식할 것을 주문하고자 한다. 이들이 어떤 사람인지, 어떻게 대처해야 할지, 이들에게서 벗어나기 위해서는 무엇이 필요한지 도움이 됐으면 한다.

내 주변엔 잔혹한 남성 사이코패스만 있는 것이 아니다. 사이코패시 중에서 가장 강력한 예측 인자인 냉담함과 무정함(callous-emontionality)의 정도는 향후 조그만 아이가 자라 유년시절을 보내 청소년이 되고 사이코패스로 살아갈지 중요한 역할을 하는 무게추이다.

설령 사이코패시라 할지라도 그 아이에 대한 조건 없는 사랑과 지지는 케빈(Kevin)의 삶을 분명 바꿔 놓았을 것이다. 케빈은 악의 씨앗을 갖고 태어났지만 에바(Eva)의 사랑과 관심을 먹지 못했고 점차 괴물로 그가 타고난 대로 발육하며 성장했다. 그리고는 에바를 비롯한 가족과 친구들 모두를 죽음으로 내몰았다.

우리 사회는 사이코패시라는 병리적 성향을 너무나도 매력적인 것으로 비춰주고 있다. 이것을 소위 사이코패스적 영민함이라 이야기하며 대범함, 냉철함, 무정함, 불안감에서 벗어난 이런 특성을 부러워하며 장려하는 듯한 분위기다. 누구나 어떤 형태로든 지배성을 갖고 권력과 힘을 얻으려고 기꺼이 인생을 바치려 한다. 그 도구적 힘에 진정 삶의 의미가 있음을 출생 때부터 가르치며 무조건적 최면을 걸고 있다.

그렇지 못하면 도태된다는 이분법적 사고로 직장에서, 학교에서, 정치에서는 사이코패시가 강한 사람이 주도권을 갖고 목소리를 내며 직간접적인 가학성을 약한 자에게 거리낌 없이 표출한다. 그런 맥락에서 한국 사회에서 사이코패시가 갖는 부정부패, 불안, 혼란, 거짓, 이중성, 속임, 갑질이 우리 사회를 수놓는 핵심적인 가치가 되는 것은 어쩌면 당연한 현상일 수도 있다.

무조건 사랑과 관심이 끼어들 수 없는 이곳, 어쩌면 영화보다 케빈이 사이코패스로 더 잘 성장할 수 있는 토대가 마련된 곳일지도 모른다. 나는 현재 그 차이를 알 수가 없다. 그렇게 자란 또 다른 케빈은 사회에 숨어들어 살인은 하지는 않겠지만, 일상의 이웃에 살며 영혼의 살인을 주저 없이 저지를 것이다. 아무런 가책과 아무런 후회와 일말의 괴로움도 없이 영혼이 죽어가는 것들을 보며 희열을 느끼고 그 가학적 과정을 사랑할 것이다.

책에서 다양한 연구자들과 나는 우리에게 희망이 있다고 이야기했다. 가정폭력과 학대에 내몰린 우리의 안타까운 아이들에게, 버려진 우리의 조그만 보석에게 따뜻한 시선이 머물기를 바란다. 설령 악의 씨앗을 타고난 아이들에게 따뜻한 말과 손길을 건넸으면 한다. 왜냐면 이럴 때야만 그들이 성장해서 똑같이 우리 사회에 그 따뜻함과 사랑을 우리가 한 대로 전해줄 것이기 때문이다.

끝으로 필자는 여태껏 교도소에만 존재하는 사이코패스를 상대해왔고 연구했다. 한국 인구의 1%가 사이코패스라면 대략 50만 명이 사이코패스인 셈이다. 필자도 지금껏 살아오며 3~5명의 사이코패스를 만났다. 그들 모두가 하나같이 이중성, 자기중심성, 갑질 의식, 권위의식, 자기 특별의식, 자기특권의식에 사로잡혀 있었다. 이 의식은 쉽게 변하지 않고 해악적 방식으로 나와 우리에게 손해를 끼치고 있다. 분명 그들은 사이코패스들이다. 혼자 괴로워하지 말고 도움을 요청하라. 필자와 같은 사람들이 함께 할 것이다.

영남대학교 심리학과 교수 서종한

프롤로그 & 1장: 일상의 그늘에 숨어 지내는 그들

- 서종한, & 김경일. (2019). 한국형 사이코패스 원형성과 일반인의 인식에 관한 탐색적 연구. 교정 담론, 13(3), 87-115.
- Bersoff, D. N. (2002). Some contrarian concerns about law, psychology, and public policy. *Law and Human Behavior*, 26(5), 565-574.
- Cunningham, M. D., & Reidy, T. J. (1998). Antisocial personality disorder and psychopathy: Diagnostic dilemmas in classifying patterns of antisocial behavior in sentencing evaluations. *Behavioral Sciences & the Law*, 16(3), 333-351.
- Edens, J. F. (2001). Misuses of the Hare Psychopathy Checklist-Revised in Court: Two case examples. *Journal of Interpersonal Violence*, 16(010), 1082-1093.
- 서종한, & 김경일. (2019). 앞의 글.
- Smith, S. T., Edens, J. F., Clark, J., & Rulseh, A. (2014). "So, What is a psychopath?" Venireperson perceptions, beliefs, and attitudes about psychopathic personality. *Law and Human Behavior*, 38(5), 490.
- Helfgott, J. B. (1997). The popular conception of the psychopath: Implications for criminal justice policy and practice. In 34th annual meeting of the Academy of Criminal Justice Sciences, Louisville, KY.
- Furnham, A., Daoud, Y., & Swami, V. (2009). How to spot a psychopath. *Social Psychiatry and Psychiatric Epidemiology*, 44(6), 464.
- Edens, J. F., Davis, K. M., Fernandez Smith, K., & Guy, L. S. (2013). No sympathy for the devil: Attributing psychopathic traits to capital murderers also predicts support for executing them. *Personality Disorders: Theory, Research, and Treatment*, 4(2), 175.
- Hare, R. D. (2003). *The Hare Psychopathy Checklist-Revised*. (2nd ed.). Toronto, Ontario: Multi-Health Systems. 조은경, 이수정 (역). PCL-R 전문가 지침서. 학지사.
- 필자는 앞으로 'successful psychopath'를 '성공적 사이코패스'라 지칭
- Hare R. D. (1993). *Without conscience: The disturbing world of the psychopaths among us*. (p.183). New York: The Guilford Press. 조은경, 황정하 (역). 진단명: 사이코패스. 바다출판사.

- Cleckley, H. M. (1951). The mask of sanity. *Postgraduate Medicine, 9*(3), 193-197;

- Babiak, P., Hare, R. D., & McLaren, T. (2006). Snakes in suits: When psychopaths go to work. New York, NY: Regan Books. 이경식 (역). 직장으로 간 사이코패스. 랜덤하우스코리아.

- Dutton, K. (2012). The wisdom of psychopaths. Random House. 차백만 (역). 천재의 두 얼굴 사이코패스, 미래의 창.

- 나카노 노부코. (2016). 박진희 (역). 사이코패스 정사의 가면을 쓴 사람들. 호메로스

- Kiehl, K. A. (2015). *The psychopath whisperer: The science of those without conscience.* Broadway Books.

- Kiehl, K., & Lushing, J. (2014). Psychopathy. *Scholarpedia, 9*(5), 30835.

- Karpman, B. (1941). On the need of separating psychopathy into two distinct clinical types: The symptomatic and the idiopathic. *Journal of Criminal Psychopathology.*

- Raine, A. (2013). T*he anatomy of violence: The biological roots of crime.* Pantheon/ Random House. 이윤호 (역). 폭력의 해부. 흐름출판.

- Ullrich, S., Farrington, D. P., & Coid, J. W. (2008). Psychopathic personality traits and life-success. *Personality and Individual Differences,* 44(5), 1162-1171.

- Hare, R. D., & Neumann, C. S. (2008). Psychopathy as a clinical and empirical construct. *Annu. Rev. Clin. Psychol.,* 4, 217-246.

- Goldberg, L. R. (1992). The development of markers for the Big-Five factor structure. *Psychological Assessment,* 4(1), 26?42.

- Lykken, D. T. (1995). *The antisocial personalities.* Psychology Press.; Low Fear Hypothesis

- Forsyth, D. R., & O'BOYLE JR, E. H. (2012). Ethics position theory and unethical work behavior.

- Mathieu, C., & Babiak, P. (2016). Corporate psychopathy and abusive supervision: Their influence on employees' job satisfaction and turnover intentions. *Personality and Individual Differences,* 91, 102-106.

- Boddy, C. R. (2011). The corporate psychopaths theory of the global financial crisis. *Journal of Business Ethics, 102*(2), 255-259.

- Brooks, N., & Fritzon, K. (2016). RETRACTED ARTICLE: Psychopathic personality characteristics amongst high functioning populations. *Crime Psychology Review, 2*(1), 22-44.

- Hurst, C., Simon, L., Jung, Y., & Pirouz, D. (2019). Are "bad" employees happier under bad bosses? Differing effects of abusive supervision on low and high primary psychopathy employees. *Journal of Business Ethics, 158*(4), 1149-1164.

- Dutton, K. (2012). *The wisdom of psychopaths.* Random House. 앞의 책.

- Lilienfeld, S. O., Widows, M. R., & Staff, P. A. R. (2005). Psychopathic personality inventory TM-revised. *Social Influence (SOI), 61*(65), 97.

- Lilienfeld, S. O., Waldman, I. D., Landfield, K., Watts, A. L., Rubenzer, S., & Faschingbauer, T. R. (2012). Fearless dominance and the US presidency: Implications of psychopathic personality traits for successful and unsuccessful political leadership. *Journal of Personality and Social Psychology, 103*(3), 489.

- Benning, S. D., Venables, N. C., & Hall, J. R. (2018). *Successful psychopathy.* In C. J. Patrick (Ed.), *Handbook of psychopathy* (p. 585?608). The Guilford Press.

- Ishikawa, S. S., Raine, A., Lencz, T., Bihrle, S., & Lacasse, L. (2001). Autonomic stress reactivity and executive functions in successful and unsuccessful criminal psychopaths from the community. *Journal of Abnormal Psychology, 110*(3), 423.

- Bechara, A., Damasio, H., Tranel, D., & Damasio, A. R. (1997). Deciding advantageously before knowing the advantageous strategy. *Science, 275*(5304), 1293-1295.

- Damasio, A. R. (1994). *Reason, and the human brain.* New York: GP Putnam's Sons.

- Yang, Y., Raine, A., Lencz, T., Bihrle, S., LaCasse, L., & Colletti, P. (2005). Volume reduction in prefrontal gray matter in unsuccessful criminal psychopaths. *Biological Psychiatry, 57*(10), 1103-1108.

- Cleckley, H. (1976). The mask of sanity: An attempt to clarify some issues about the so-called psychopathic personality. St. Louis (Missouri), Mosby. 정상의 가면(p.19) 참고.

- Schrum, C. L., & Salekin, R. T. (2006). Psychopathy in adolescent female offenders: An item response theory analysis of the Psychopathy Checklist: Youth Version. *Behavioral Sciences & the Law, 24*(1), 39-63.

- Jackson, R. L., Rogers, R., Neumann, C. S., & Lambert, P. L. (2002). Psychopathy in female offenders: An investigation of its underlying dimensions. *Criminal Justice and Behavior, 29*(6), 692-704.

- Warren, J. I., & South, S. C. (2006). Comparing the constructs of antisocial personality disorder and psychopathy in a sample of incarcerated women. *Behavioral Sciences & the Law, 24*(1), 1-20.

- O'Connor, D. A. (2002). *The female psychopath: Validity and factor structure of the revised Psychopathy Checklist (PCL-R) in women inmates* (Doctoral dissertation). Florida State University.

- Xanthe Mallett, https://theconversation.com/women-can-be-psychopaths-too-in-ways-more-subtle-but-just-as-dangerous-84200\

- Rutherford, M. J., Alterman, A. I., Cacciola, J. S., & McKay, J. R. (1998). Gender differences in the relationship of antisocial personality disorder criteria to Psychopathy Checklist-Revised scores. *Journal of Personality Disorders, 12*(1), 69-76.

● Sprague, J., Javdani, S., Sadeh, N., Newman, J. P., & Verona, E. (2012). Borderline personality disorder as a female phenotypic expression of psychopathy?. *Personality Disorders: Theory, Research, and Treatment, 3*(2), 127.

● Sevecke, K., Lehmkuhl, G., & Krischer, M. K. (2009). Examining relations between psychopathology and psychopathy dimensions among adolescent female and male offenders. *European Child & Adolescent Psychiatry, 18*(2), 85-95.

● Sprague, J., Javdani, S., Sadeh, N., Newman, J. P., & Verona, E. (2012). Borderline personality disorder as a female phenotypic expression of psychopathy?. *Personality Disorders: Theory, Research, and Treatment, 3*(2), 127.

● Forouzan, E., & Cooke, D. J. (2005). Figuring out la femme fatale: Conceptual and assessment issues concerning psychopathy in females. *Behavioral Sciences & the Law, 23*(6), 765-778.

● Goldstein, R., Powers, S. I., McCusker, J., Mundt, K. A., Lewis, B. F., & Bigelow, C. (1996). Gender differences in manifestations of antisocial personality disorder among residential drug abuse treatment clients. *Drug and Alcohol Dependence, 41*(1), 35-45.

● Kreis, M. K., & Cooke, D. J. (2011). Capturing the psychopathic female: A prototypicality analysis of the Comprehensive Assessment of Psychopathic Personality (CAPP) across gender. *Behavioral Sciences & the Law,* 29(5), 634-648.

● 서종한, 신강현, & 김경일. (2018). 한국사회에서의 사이코패스 개념, 믿음, 태도에 관한 연구: 사이코패스성격장애종합평가 (CAPP) 를 중심으로. 한국범죄학, 12(2), 5-28.

● Forouzan, E., & Cooke, D. J. (2005). Figuring out la femme fatale: Conceptual and assessment issues concerning psychopathy in females. *Behavioral Sciences & the Law, 23*(6), 765-778.

● Andershed, H. A., Kerr, M., Stattin, H., & Levander, S. (2002). Psychopathic traits in non-referred youths: A new assessment tool.

● White, H. R., & Widom, C. S. (2003). Intimate partner violence among abused and neglected children in young adulthood: The mediating effects of early aggression, antisocial personality, hostility and alcohol problems. *Aggressive Behavior: Official Journal of the International Society for Research on Aggression, 29*(4), 332-345.

● Rutherford, M. J., Alterman, A. I., Cacciola, J. S., & McKay, J. R. (1998). Gender differences in the relationship of antisocial personality disorder criteria to Psychopathy Checklist-Revised scores. *Journal of Personality Disorders, 12*(1), 69-76.

● Forouzan, E., & Cooke, D. J. (2005). Figuring out la femme fatale: Conceptual and

254

assessment issues concerning psychopathy in females. *Behavioral Sciences & the Law,* *23*(6), 765-778.

- Verona, E., Bresin, K., & Patrick, C. J. (2013). Revisiting psychopathy in women: Cleckley/ Hare conceptions and affective response. *Journal of Abnormal Psychology, 122*(4), 1088.

- Kreis, M. K., & Cooke, D. J. (2011). Capturing the psychopathic female: A prototypicality analysis of the Comprehensive Assessment of Psychopathic Personality (CAPP) across gender. *Behavioral Sciences & the Law, 29*(5), 634-648.

- Javdani, S., Sadeh, N., & Verona, E. (2011). Suicidality as a function of impulsivity, callous?unemotional traits, and depressive symptoms in youth. *Journal of Abnormal Psychology, 120*(2), 400.

- Moffitt, T. (2006). Life-course-persistent versus adolescent-limited antisocial behavior. In D. Cicchetti & D. Cohen (Eds.), *Development psychopathology*(2nd ed. Vol. 3, pp. 570?598). New York: John Wiley and Sons, Inc.

- 냉정함·무정함 척도 링크 - Inventory of Callous-Unemotional Traits; ICU. http://labs.uno.edu/developmental-psychopathology/ICU/ICU-youth.pdf

- Kimonis, E. R., Frick, P. J., Skeem, J. L., Marsee, M. A., Cruise, K., Munoz, L. C., ... & Morris, A. S. (2008). Assessing callous?unemotional traits in adolescent offenders: Validation of the Inventory of Callous-Unemotional Traits. International *Journal of Law and Psychiatry, 31*(3), 241-252.

- Vincent, G. M., Vitacco, M. J., Grisso, T., & Corrado, R. R. (2003). Subtypes of adolescent offenders: Affective traits and antisocial behavior patterns. *Behavioral Sciences & the Law, 21*(6), 695-712.

- American Psychiatric Association, & American Psychiatric Association. (2013). *Diagnostic and statistical manual of mental disorders: DSM-5.* 권준수 등 (역). DSM-5 정신질환의 진단 및 통계편람. 학지사.

- Kochanska, G., & Murray, K. T. (2000). Mother?child mutually responsive orientation and conscience development: From toddler to early school age. *Child Development, 71*(2), 417-431.

- Delcourt, M. A., Cornell, D. G., & Goldberg, M. D. (2007). Cognitive and affective learning outcomes of gifted elementary school students. *Gifted Child Quarterly, 51*(4), 359-381.

- Barry, C. T., Frick, P. J., DeShazo, T. M., McCoy, M., Ellis, M., & Loney, B. R. (2000). The importance of callous?unemotional traits for extending the concept of psychopathy to children. *Journal of Abnormal Psychology, 109*(2), 335.

- Shriver, L. (2010). *We need to talk about Kevin.* Profile Books. 송정은 (역). 케빈에 대하여.

알에이치코리아(RHK)

- Stellwagen, K. K., & Kerig, P. K. (2013). Dark triad personality traits and theory of mind among school-age children. *Personality and Individual Differences, 54*(1), 123-127.
- Horton, R. S., & Tritch, T. (2014). Clarifying the links between grandiose narcissism and parenting. *The Journal of Psychology, 148*(2), 133-143.
- Belacchi, C., & Farina, E. (2012). Feeling and thinking of others: Affective and cognitive empathy and emotion comprehension in prosocial/hostile preschoolers. *Aggressive Behavior, 38*(2), 150-165.
- Emde, R. N., Biringen, Z., Clyman, R. B., & Oppenheim, D. (1991). The moral self of infancy: Affective core and procedural knowledge. *Developmental Review, 11*(3), 251-270.
- Barker, E. D., Trentacosta, C. J., & Salekin, R. T. (2011). Are impulsive adolescents differentially influenced by the good and bad of neighborhood and family?. *Journal of Abnormal Psychology, 120*(4), 981.
- Waldman, ID, Rhee, SH, Loparo, D and Park, Y. (2018). Genetic and environmental influences on psychopathy and antisocial behavior. In Patrick, CJ (ed.) *Handbook of Psychopathy.* (pp. 335?354). New York, NY: Guilford Press.
- Sebastian, C. L., McCrory, E. J. P., Cecil, C. A. M., Lockwood, P. L., De Brito, S. A., Fontaine, N. M. G., & Viding, E. (2012). Neural responses to affective and cognitive theory of mind in children with conduct problems and varying levels of callous-unemotional traits. *Archives of General Psychiatry, 69*, 814?822.
- Forth, A. E., & Kosson, D. (2003). The Hare PCL: youth version. Toronto, ON: Multi-Health Systems.
- Hawes, D. J., Price, M. J., & Dadds, M. R. (2014). Callous-unemotional traits and the treatment of conduct problems in childhood and adolescence: A comprehensive review. *Clinical Child and Family Psychology Review, 17*(3), 248-267.
- Frick, P. J., & Hare, R. D. (2001). *Antisocial process screening device: APSD.* Toronto: Multi-Health Systems.
- Kotler, J. S., & McMahon, R. J. (2010). Assessment of child and adolescent psychopathy. *Handbook of child and adolescent psychopathy,* 79-109.
- Spain, S. E., Douglas, K. S., Poythress, N. G., & Epstein, M. (2004). The relationship between psychopathic features, violence and treatment outcome: The comparison of three youth measures of psychopathic features. *Behavioral Sciences & the Law, 22*(1), 85-102.; Child Psychopathy Scale
- Colins, O. F., & Andershed, H. (2016). The Youth Psychopathic Traits Inventory-Short

Version in a general population sample of emerging adults. *Psychological Assessment,* *28*(5), 449.

- Vahl, P., Colins, O. F., Lodewijks, H. P., Markus, M. T., Doreleijers, T. A., & Vermeiren, R. R. (2014). Psychopathic-like traits in detained adolescents: Clinical usefulness of self-report. *European Child & Adolescent Psychiatry, 23*(8), 691-699.
- Colins, O. F., Andershed, H., Frogner, L., Lopez-Romero, L., Veen, V., & Andershed, A. K. (2014). A new measure to assess psychopathic personality in children: The Child Problematic Traits Inventory. *Journal of psychopathology and behavioral assessment, 36*(1), 4-21.

2장: 심연의 악, 과학적 실체를 찾아서

- 유영철과의 면담 중 일부 대화 내용 발췌
- Walsh, T., & Walsh, Z. (2006). The evidentiary introduction of Psychopathy Checklist-Revised assessed psychopathy in US courts: Extent and appropriateness. *Law and Human Behavior, 30*(4), 493-507.
- Hart, S. D., & Dempster, R. J. (1997). Impulsivity and psychopathy. *Impulsivity: Theory, assessment, and treatment,* 212-232.
- Dempster, R. J., Lyon, D. R., Sullivan, L. E., Hart, S. D., Smiley, W. C., & Mulloy, R. (1996, August). Psychopathy and instrumental aggression in violent offenders. In Annual Meeting of the American Psychological Association, Toronto, Ontario.
- Meloy, J. R. (1988). The psychopathic mind: Origins, dynamics, and treatment. Rowman & Littlefield.
- Marcus, D. K., & Norris, A. L. (2014). A new measure of attitudes toward sexually predatory tactics and its relation to the triarchic model of psychopathy. *Journal of Personality Disorders, 28*(2), 247-261.
- Edens, J. F., Poythress Jr, N. G., Lilienfeld, S. O., & Patrick, C. J. (2008). A prospective comparison of two measures of psychopathy in the prediction of institutional misconduct. *Behavioral Sciences & the Law, 26*(5), 529-541.; Triarchic psychopathy measure
- Smith, S. T., Edens, J. F., & McDermott, B. E. (2013). Fearless dominance and self-centered impulsivity interact to predict predatory aggression among forensic psychiatric

inpatients. *International Journal of Forensic Mental Health, 12*(1), 33-41.; Psychopathy Personality Inventory-Revised

● Porter, S., Birt, A. R., & Boer, D. P. (2001). Investigation of the criminal and conditional release profiles of Canadian federal offenders as a function of psychopathy and age. *Law and Human Behavior, 25*(6), 647-661.

● Woodworth, M., & Porter, S. (2002). In cold blood: Characteristics of criminal homicides as a function of psychopathy. *Journal of Abnormal Psychology, 111*(3), 436.

● 대법원 3부(주심 안대희 대법관) 7월 11일 정남규 최종판결문. 자세한 조문은 해당 판결문 참고.

● 수원지검 안산지청, (2009). 강호순 수사백서.

● Skeem, J. L., Poythress, N., Edens, J. F., Lilienfeld, S. O., & Cale, E. M. (2003). Psychopathic personality or personalities? Exploring potential variants of psychopathy and their implications for risk assessment. *Aggression and Violent Behavior, 8*(5), 513-546.

● 서종한 등. (2019). 앞의 글. 불가침의식, Sense of Invulnerability

● Porter, S., Fairweather, D., Drugge, J., Herv?, H., Birt, A., & Boer, D. P. (2000). Profiles of psychopathy in incarcerated sexual offenders. *Criminal Justice and Behavior, 27*(2), 216-233.

● Gretton, H., McBride, M., Lewis, K., O'Shaughnessy, R., & Hare, R. D. (1994). Patterns of violence and victimization in adolescent sexual psychopaths. In biennial meeting of the American Psychology-Law Society (Division 41 of the American Psychological Association), Santa Fe, NM.

● Porter and colleagues. (2000). 앞의 글

● Gretton et al. (1994). 앞의 글, (p.229)

● Mokros, A., Habermeyer, E., Neumann, C. S., Schilling, F., Hare, R. D., & Eher, R. (2014). Assessment of Psychopathy in Austria. *European Journal of Psychological Assessment.*

● Robertson, C. A., & Knight, R. A. (2014). Relating sexual sadism and psychopathy to one another, non?sexual violence, and sexual crime behaviors. *Aggressive Behavior, 40*(1), 12-23.

● Mokros, A., Osterheider, M., Hucker, S. J., & Nitschke, J. (2011). Psychopathy and sexual sadism. *Law and Human Behavior, 35*(3), 188-199.

● Meloy, J. R. (2000). The nature and dynamics of sexual homicide: An integrative review. *Aggression and Violent Behavior, 5*(1), 1-22.

● Porter, S., Bhanwer, A., Woodworth, M., & Black, P. J. (2014). Soldiers of misfortune: An examination of the Dark Triad and the experience of schadenfreude. *Personality and Individual Differences, 67,* 64-68.

● Proyer, R. T., Flisch, R., Tschupp, S., Platt, T., & Ruch, W. (2012). How does psychopathy relate to humor and laughter? Dispositions toward ridicule and being laughed at, the sense of humor, and psychopathic personality traits. *International Journal of Law and Psychiatry, 35*(4), 263-268.

- Verona, E., Patrick, C. J., & Joiner, T. E. (2001). Psychopathy, antisocial personality, and suicide risk. *Journal of Abnormal Psychology, 110*(3), 462.
- 서종한 & 김경일. (2018). 구조화된 전문가 판단 모델 (SPJ) 기반수용자 자살위험성평가프로토 콜 개발 연구. *교정담론, 12*(2), 33-68.
- Douglas, K. S., Lilienfeld, S. O., Skeem, J. L., Poythress, N. G., Edens, J. F., &Patrick, C. J. (2008). Relation of antisocial and psychopathic traits to suicide-related behavior among offenders. *Law and Human Behavior, 32*(6), 511-525.
- Logan, M., & Hare, R. D. (2008). Criminal psychopathy: An introduction for police. *Psychology of criminal investigation,* 393-442.
- Douglas, J. E., Burgess, A. W., Burgess, A. G., & Ressler, R. K. (2013). *Crime classification manual: A standard system for investigating and classifying violent crime.* John Wiley & Sons.
- O'Toole, M. E. (2007). Psychopathy as a behavior classification system for violent and serial crime scenes. *The psychopath: Theory, research, and practice,* 301-325.
- 1978년부터 1991년까지 제프리 다머(Jeffrey Lionel Dahmer)는 밀워키 또는 위스콘신주에서 10대를 포함하여 17명을 살해하고 시간, 사체를 절단하고 인육을 먹기도 했다. 종신형을 선고받고 복역 중에 화장실 청소 중 말다툼 끝에 머리를 쇠파이프로 맞아 사망했다.
- McCord, W., & McCord, J. (1964). The psychopath: An essay on the criminal mind.
- Stone, M. H. (2001). Serial sexual homicide: Biological, psychological, and sociological aspects. *Journal of Personality Disorders, 15*(1), 1-18.
- Norris, C. S. (2011). Psychopathy and Gender of Serial Killers: A Comparison Using the PCL-R.
- 정두영; 고법판결문, 「그것이 알고 싶다. 2001년 5월 12일. 방송분」. 유영철; 고법판결문, 검찰청 〈수사백서(2005)〉,《한국의 연쇄살인(2005)》,「그것이 알고 싶다」. 정남규; 〈경찰 수사기록〉, 고법 판결문(2006고합180, 300, 서울남부지법 제11형사부 판결 참고)〉,〈경찰청 수사백서(2005)〉,《한 국의 연쇄살인(2005); 강호순 : 고법판결문, 그것이 알고 싶다(2009. 2. 21 방송분); 김해선; 범죄 분석 수사기록, 판결문. 이춘재;「그것이 알고 싶다(2019.10월 1일, 2회 방송분)」, 한국의 연쇄살 인(2005), 수사기록 등.
- 서종한, & 이수정. (2017). 문항반응이론 기반 PCL-R 비교문화 연구: 한국문화에서의 사이코패 시는?. *형사정책연구, 28*(4), 47-87.
- 국내에서는 영화 [나는 악마를 사랑했다, Extremely Wicked, Shockingly Evil and Vile]로도 잘 알려져 있음

- Warren, J. I., Hazelwood, R. R., & Dietz, P. E. (1996). The sexually sadistic serial killer. *Journal of Forensic Science, 41*(6), 970-974.
- Proulx, J., & Beauregard, E. R. I. C. (2009). Decision making during the offending process: An assessment among subtypes of sexual aggressors of women. *Assessment and treatment of sex offenders: A handbook,* 181-197.
- MacCulloch, M. J., Snowden, P. R., Wood, P. J. W., & Mills, H. E. (1983). Sadistic fantasy, sadistic behaviour and offending. *The British Journal of Psychiatry, 143*(1), 20-29.
- Häkkänen, H., Hurme, K., & Liukkonen, M. (2007). Distance patterns and disposal sites in rural area homicides committed in Finland. *Journal of Investigative Psychology and Offender Profiling, 4*(3), 181-197.
- Dorland, W. N. (2007). Dorland's *Illustrated Medical Dictionary 31 Editions (terj. Ratna Neary Elseria, dkk).* Jakarta: Buku Kedokteran EGC.
- Häkkänen-Nyholm, H., Repo-Tiihonen, E., Lindberg, N., Salenius, S., & Weizmann-Henelius, G. (2009). Finnish sexual homicides: Offence and offender characteristics. *Forensic Science International, 188*(1-3), 125-130.
- Sea, J., & Beauregard, E. (2019). Mutilation in Korean homicide: An exploratory study. *Journal of Interpersonal Violence, 34*(14), 2863-2877.
- Fazio, R. D., Kroner, D. G., & Forth, A. E. (1997). The attribution of blame scale with an incarcerated sample: factor structure, reliability and validity. *Criminal Behaviour and Mental Health, 7*(2), 153-164.
- Blair, R. J. R., Jones, L., Clark, F., & Smith, M. (1995). Is the Psychopath 'morally insane'?. *Personality and Individual Differences, 19*(5), 741-752.

3장. 사이코패스와 성범죄의 교차점

- Knight, R. A. (2012). The role of the facets of psychopathy and hypersexuality among sex offending adults. In *26th annual conference of the Society for Research in Psychopathology, Ann Arbor, Michigan.*
- Robertson, C. A., & Knight, R. A. (2014). Relating sexual sadism and psychopathy to one another, non?sexual violence, and sexual crime behaviors. *Aggressive Behavior, 40*(1), 12-23.
- Knight, R. A., Sims-Knight, J., &Guay, J. P. (2013). Is a separate diagnostic category

defensible for paraphilic coercion?. *Journal of Criminal Justice, 41*(2), 90-99.

- Mokros, A., Schilling, F., Weiss, K., Nitschke, J., & Eher, R. (2014). Sadism in sexual offenders: Evidence for dimensionality. *Psychological Assessment, 26*(1), 138.

- Knight et al. (2001). 앞의 글.

- Blair, R. J. R. (2007). The amygdala and ventromedial prefrontal cortex in morality and psychopathy. *Trends in Cognitive Sciences, 11*(9), 387-392.

- Woodworth, M., & Porter, S. (2002). In cold blood: Characteristics of criminal homicides as a function of psychopathy. *Journal of Abnormal Psychology, 111*(3), 436.

- Meloy, J. R. (1997). The psychology of wickedness: *Psychopathy and sadism. Psychiatric Annals, 27*(9), 630-633.

- Meloy, J. R. (2000). The nature and dynamics of sexual homicide: An integrative review. *Aggression and Violent Behavior, 5*(1), 1-22.

- 이영학; 수사서류, 수사결과, 현장 사진, 「그것일 알고 싶다(이영학 방송분)」. 김수철; 수사서류, 수사결과, 현장 사진, 범죄분석보고서 등. 조두순; 수사서류, 수사결과, 현장 사진, 범죄분석보고서, 판결문(고법 & 대법), 분류심사결과, 「그것이 알고 싶다」 방송분. 김길태; 필자와 직접 면담, 수사서류 및 결과, 판결문, 범죄분석보고서. 오원춘; 판결문, 수사자료, 현장자료. 김일곤; 판결문. 이영학 ?25점은 경찰이 제시했다.

- 거대백악종 (gigantiform cementoma): 치아의 뿌리를 덮은 백악질이 종양으로 인해 비정상적으로 커지는 치과계 질병. 시사상식사전(pmg 지식엔진연구소)

- Boccardi, M., Ganzola, R., Rossi, R., Sabattoli, F., Laakso, M. P., Repo-Tiihonen, E., ... & Frisoni, G. B. (2010). Abnormal hippocampal shape in offenders with psychopathy. *Human Brain Mapping, 31*(3), 438-447.

- Raine, A., Ishikawa, S. S., Arce, E., Lencz, T., Knuth, K. H., Bihrle, S., ... & Colletti, P. (2004). Hippocampal structural asymmetry in unsuccessful psychopaths. *Biological Psychiatry, 55*(2), 185-191.

- Ermer, E., Cope, L. M., Nyalakanti, P. K., Calhoun, V. D., & Kiehl, K. A. (2012). Aberrant paralimbic gray matter in criminal psychopathy. *Journal of Abnormal Psychology, 121*(3), 649.

- Bukowski, W. M., Schwartzman, A., Santo, J., Bagwell, C., & Adams, R. (2009). Reactivity and distortions in the self: Narcissism, types of aggression, and the functioning of the hypothalamic?pituitary?adrenal axis during early adolescence. *Development and Psychopathology, 21*(4), 1249-1262.

- Raine, A., Meloy, J. R., Bihrle, S., Stoddard, J., LaCasse, L., & Buchsbaum, M. S. (1998). Reduced prefrontal and increased subcortical brain functioning assessed using positron emission tomography in predatory and affective murderers. *Behavioral Sciences & the*

Law, 16(3), 319-332.

- Raine et al. (1998). 앞의 책.
- Fullam, R. S., McKie, S., & Dolan, M. C. (2009). Psychopathic traits and deception: functional magnetic resonance imaging study. *The British Journal of Psychiatry, 194*(3), 229-235.
- de Oliveira-Souza, R., Hare, R. D., Bramati, I. E., Garrido, G. J., Ign?cio, F. A., Tovar-Moll, F., & Moll, J. (2008). Psychopathy as a disorder of the moral brain: fronto-temporo-limbic grey matter reductions demonstrated by voxel-based morphometry. *Neuroimage, 40*(3), 1202-1213.
- Damasio, A. R. (1994). Descartes' error and the future of human life. *Scientific American, 271*(4), 144-144.
- Damasio, A. R., Tranel, D., & Damasio, H. (1990). Individuals with sociopathic behavior caused by frontal damage fail to respond autonomically to social stimuli. *Behavioural Brain Research, 41*(2), 81-94.
- Grafman, J., Schwab, K., Warden, D., Pridgen, A., Brown, H. R., & Salazar, A. M. (1996). Frontal lobe injuries, violence, and aggression: A report of the Vietnam head injury study. *Neurology, 46*(5), 1231-1231.
- Hare, R. D. (1991). *The Hare psychopathy checklist-revised: Manual.* Multi-Health Systems, Incorporated.
- Veit, R., Konicar, L., Klinzing, J. G., Barth, B., Yilmaz, ?., & Birbaumer, N. (2013). Deficient fear conditioning in psychopathy as a function of interpersonal and affective disturbances. *Frontiers in Human Neuroscience, 7,* 706.
- Gatzke-Kopp, L. M., Raine, A., Loeber, R., Stouthamer-Loeber, M., & Steinhauer, S. R. (2002). Serious delinquent behavior, sensation seeking, and electrodermal arousal. *Journal of Abnormal Child Psychology, 30*(5), 477-486.
- Davidson, R. J., & Fox, N. A. (1989). Frontal brain asymmetry predicts infants' response to maternal separation. *Journal of Abnormal Psychology, 98*(2), 127.
- Raine, A., Lencz, T., Taylor, K., Hellige, J. B., Bihrle, S., Lacasse, L., ... & Colletti, P. (2003). Corpus callosum abnormalities in psychopathic antisocial individuals. *Archives of General Psychiatry, 60*(11), 1134-1142.
- Glenn, A. L., Yang, Y., Raine, A., & Colletti, P. (2010). No volumetric differences in the anterior cingulate of psychopathic individuals. *Psychiatry Research: Neuroimaging, 183*(2), 140-143.
- Baskin-Sommers, A., Stuppy-Sullivan, A. M., & Buckholtz, J. W. (2016). Psychopathic individuals exhibit but do not avoid regret during counterfactual decision making.

Proceedings of the National Academy of Sciences, 113(50), 14438-14443.

- Vitale, J. E., Smith, S. S., Brinkley, C. A., &Newman, J. P. (2002). The reliability and validity of the Psychopathy Checklist-Revised in a sample of female offenders. *Criminal justice and behavior, 29*(2), 202-231.

- Hart, S. D., & Hare, R. D. (1989). Discriminant validity of the Psychopathy Checklist in a forensic psychiatric population. *Psychological Assessment: A Journal of Consulting and Clinical Psychology, 1*(3), 211.

- Grann, M. (2000). The PCL?R and gender. *European Journal of Psychological Assessment, 16*(3), 147.

- Porter, S., Fairweather, D., Drugge, J., Herv?, H., Birt, A., & Boer, D. P. (2000). Profiles of psychopathy in incarcerated sexual offenders. *Criminal Justice and Behavior, 27*(2), 216-233.

- Camilleri, J. A., & Quinsey, V. L. (2009). Individual differences in the propensity for partner sexual coercion. *Sexual Abuse, 21*(1), 111-129.

- Woodworth, M., & Porter, S. (2002). In cold blood: Characteristics of criminal homicides as a function of psychopathy. *Journal of Abnormal Psychology, 111*(3), 436.

- Ressler, R. K., Burgess, A. W., Hartman, C. R., Douglas, J. E., & McCormack, A. (1986). Murderers who rape and mutilate. *Journal of Interpersonal Violence, 1*(3), 273-287.

- Meloy. (2000). 앞의 글

- Sea & Beauregard. (2018). 앞의 글

- Meloy. (2000). 앞의 글

- 서종한 등. (2018). 앞의 글

- Boddy, C. R. (2013). Corporate psychopaths: uncaring citizens, irresponsible leaders. *Journal of Corporate Citizenship,* (49), 8-16.

- Guy, L. S., Edens, J. F., Anthony, C., & Douglas, K. S. (2005). Does psychopathy predict institutional misconduct among adults? A meta-analytic investigation. *Journal of Consulting and Clinical Psychology, 73*(6), 1056.

- Cunningham, M. D., Sorensen, J. R., & Reidy, T. J. (2005). An actuarial model for assessment of prison violence risk among maximum security inmates. *Assessment, 12*(1), 40-49.

- Hare. (2003). 앞의 책.

- Cooke, D. J., & Michie, C. (2001). Refining the construct of psychopathy: Towards a hierarchical model. *Psychological Assessment, 13*(2), 171.

- Skeem, J. L., & Cooke, D. J. (2010). Is criminal behavior a central component of psychopathy? Conceptual directions for resolving the debate. *Psychological Assessment,*

22(2), 433.

● Hare, R. D., & Neumann, C. S. (2010). The role of antisociality in the psychopathy construct: Comment on Skeem and Cooke (2010).

● West, D. J., & Farrington, D. P. (1973). Who Becomes Delinquent?: Second Report of the Cambridge Study in Delinquent Development (Vol. 34). Heinemann Educational [for the Cambridge Institute of Criminology].

● Marshall, L. A., & Cooke, D. J. (1999). The childhood experiences of psychopaths: A retrospective study of familial and societal factors. *Journal of Personality Disorders, 13*(3), 211-225.

● Frodi, A., Dernevik, M., Sepa, A., Philipson, J., & Bragesj?, M. (2001). Current attachment representations of incarcerated offenders varying in degree of psychopathy. *Attachment & Human Development, 3*(3), 269-283.

● Luntz, B. K., & Widom, C. S. (1994). Antisocial personality disorder in abused and neglected children grown up. *The American Journal of Psychiatry.*

● Weiler, B. L., & Widom, C. S. (1996). Psychopathy and violent behaviour in abused and neglected young adults. *Criminal Behaviour and Mental Health, 6*(3), 253-271.

● Lang, S., Af Klinteberg, B., & Alm, P. O. (2002). Adult psychopathy and violent behavior in males with early neglect and abuse. *Acta Psychiatrica Scandinavica, 106*, 93-100.

● Poythress, N. G., Skeem, J. L., & Lilienfeld, S. O. (2006). Associations among early abuse, dissociation, and psychopathy in an offender sample. *Journal of Abnormal Psychology, 115*(2), 288.

● Graham, N., Kimonis, E. R., Wasserman, A. L., & Kline, S. M. (2012). Associations among childhood abuse and psychopathy facets in male sexual offenders. *Personality Disorders: Theory, Research, and Treatment, 3*(1), 66.

● Kolvin, I., Miller, F. J., Fleeting, M., & Kolvin, P. A. (1988). Social and parenting factors affecting criminal-offence rates: Findings from the Newcastle thousand family study (1947?198●. *The British Journal of Psychiatry, 152*(1), 80-90.

● Wells, L. E., & Rankin, J. H. (1991). Families and delinquency: A meta-analysis of the impact of broken homes. Social Problems, 38(1), 71-93.

● Farrington, D. P. (2006). Family Background and Psychopathy. In C. J. Patrick (Ed.), *Handbook of psychopathy.* (p. 229-25●. The Guilford Press.

● Henry, B., Caspi, A., Moffitt, T. E., & Silva, P. A. (1996). Temperamental and familial predictors of violent and nonviolent criminal convictions: Age 3 to age 18. *Developmental Psychology, 32*(4), 614.

● Lynam, D. R., Loeber, R., & Stouthamer-Loeber, M. (2008). The stability of psychopathy from adolescence into adulthood: The search for moderators. *Criminal Justice and Behavior, 35*(2), 228-243.

- Salihovic, S., Özdemir, M., & Kerr, M. (2014). Trajectories of adolescent psychopathic traits. *Journal of Psychopathology and Behavioral Assessment, 36*(1), 47-59.

- Raine, A., Stoddard, J., Bihrle, S., & Buchsbaum, M. (1998). Prefrontal glucose de ■cits in murderers lacking psychosocial deprivation. *Neuropsychiatry, Neuropsychology, and Behavioral Neurology, 11*(1), 1-7.

- Raine, A., Park, S., Lencz, T., Bihrle, S., LaCasse, L., Widom, C. S., ... & Singh, M. (2001). Reduced right hemisphere activation in severely abused violent offenders during a working memory task: An fMRI study. *Aggressive Behavior: Official Journal of the International Society for Research on Aggression, 27*(2), 111-129.

- Liu, J., Raine, A., Venables, P. H., & Mednick, S. A. (2004). Malnutrition at age 3 years and externalizing behavior problems at ages 8, 11, and 17 years. *American Journal of Psychiatry, 161*(11), 2005-2013.

- Yang, Y., Phillips, O. R., Kan, E., Sulik, K. K., Mattson, S. N., Riley, E. P., ... & Narr, K. L. (2012). Callosal thickness reductions relate to facial dysmorphology in fetal alcohol spectrum disorders. *Alcoholism: Clinical and Experimental Research, 36*(5), 798-806.

- Hare. (1999). 앞의 글, (p.142).

- Hancock, J. T., Woodworth, M. T., & Porter, S. (2013). Hungry like the wolf: A word?pattern analysis of the language of psychopaths. *Legal and Criminological Psychology, 18*(1), 102-114.

- Hare. (2003). 앞의 책.

- Paulhus, D. L., & Williams, K. M. (2002). The dark triad of personality: Narcissism, Machiavellianism, and psychopathy. *Journal of Research in Personality, 36*(6), 556-563.

- Hancock, J. T., Woodworth, M., & Boochever, R. (2018). Psychopaths Online: The Linguistic Traces of Psychopathy in Email, Text Messaging and Facebook. *Media and Communication, 6*(3), 83-92.

- Vaughn, M. G., DeLisi, M., Beaver, K. M., Wexler, J., Barth, A., & Fletcher, J. (2011). Juvenile psychopathic personality traits are associated with poor reading achievement. *Psychiatric Quarterly, 82*(3), 177-190.

- Le, M. T., Woodworth, M., Gillman, L., Hutton, E., & Hare, R. D. (2017). The linguistic output of psychopathic offenders during a PCL-R interview. *Criminal Justice and Behavior, 44*(4), 551-565.

● Pinel, P. (1809). *Medico-Philosophical Treatise on Mental Derangement*. 2nd edition. Paris: Brosson

● Pinel, P. (1809). Trait? m?dico-philosophique sur l'ali?nation mentale, ou la manie. Avec figures repr?sentant les formes de cr?ne ou des portraits d'ali?n?s. 정신장애에 대한 의학과 철학적 논문은 섬망이 없는 정신적 혼란 또는 정신이상에 대한 의학적 철학적 논문이다.

● Rotenberg, M., & Diamond, B. L. (1971). The Biblical conception of psychopathy: the law of the stubborn and rebellious son. *Journal of the History of the Behavioral Sciences*.

● Prichard, J.C. (1835). 정신에 영향을 미치는 광기와 기타 장애에 관한 논문. 런던 : 셔우드, 길버트 & 파이퍼

● Maudsley, H. (1874). 정신질환의 책임. 런던: 왕

● Handerson, D. (1939). 정신병적 상태. 뉴욕: 노턴

● Craft, M. (1966). *Psychopathic Disorders and their Assessment*. Oxford: Pergamon Press

● Koch, J.L.A. (1891-93). 정신병적 열등감. 라벤스부르크; 마이어

● Pennigton, L. (1966). Psychopathic and Criminal. *An Introduction to Clinical Psychology*, 405.

● Partridge. (1930). 정신병 적 성격의 현재 개념. 미국 정신과 학회지, 10, 53-99.

● Frances, A. J., Galanter, M., &Kleber, H. D. (2000). *Diagnostic and Statistical Manual of Mental Disorders: DSM-IV-TR®*. American Psychiatric Pub. 강진령 (편역). 정신장애 진단 통계 편람 DSM-IV-TR. 학지사.

● Cooke, D. J., & Michie, C. (2001). Refining the construct of psychopathy: Towards a hierarchical model. *Psychological assessment*, 13(2), 171.

● Hare. (1991). 앞의 글.

● Lykken, D. T. (2018). 정신 병증, 사회 병증 및 반사회성 성격장애. C. J. Patrick (Ed), 정신병자 안내서 (p. 22-38). 길 포드 출판사.

● Karpman, B. (1941). On the need of separating psychopathy into two distinct clinical types: the symptomatic and the idiopathic. *Journal of Criminal Psychopathology*.; Primary와 Secondary 등 2가지로 사이코패스를 구분하여 서술.

● Newman, J. P., MacCoon, D. G., Vaughn, L. J., & Sadeh, N. (2005). Validating a distinction between primary and secondary psychopathy with measures of Gray's BIS and BAS constructs. *Journal of Abnormal Psychology*, 114(2), 319.

● Lykken. (2006). 앞의 글.

- Skeem & Cooke. (2010). 앞의 글.
- Patrick, C. J. (Ed.). (2018). *Handbook of psychopathy. Guilford Publications.*
- 최선희, & 서종한. (2019). 한국판 삼원사이코패스 측정도구 타당화 연구. 한국범죄학, 13(2), 5-31.
- Cooke et al. (2012). 앞의 글
- Lykken, D. T. (2018). Psychopathy, Sociopathy, and Antisocial Personality Disorder. *Handbook of Psychopathy, 22.*
- 미국 사이코패스 과학연구학회(SSSP; Society for the Scientific Study of Psychopathy) - 홈페이지: https://psychopathysociety.org/
  2년마다 컨퍼런스를 개최하며 사이코패스 진단, 치료, 원인 등에 대한 연구를 북미학자를 중심으로 진행.
- Paulhus, D. L., & Williams, K. M. (2002). The dark triad of personality: Narcissism, Machiavellianism, and psychopathy. *Journal of Research in Personality, 36*(6), 556-563.
- Jones, D. N., & Neria, A. L. (2015). The dark triad and dispositional aggression. *Personality and Individual Differences, 86,* 360-364.
- Paulhus & Williams. (2002). 앞의 글.
- Furnham, A., Richards, S. C., & Paulhus, D. L. (2013). The dark triad of personality: A 10 year review. *Social and Personality Psychology Compass, 7*(3), 199-216.; SD4: Short Dark Triad
- Raskin, R., & Hall, C. S.(1979). A narcissistic personality *inventory. Psychological Reports,* 45, 590.; Narcissistic personality inventory
- Christie, R., & Geis, F. (1970). Scale construction. *Studies in Machiavellianism, 34*(4), 10-34.
- Chabrol, H., van Leeuwen, N., Rodgers, R. F., & Gibbs, J. C. (2011). Relations between self-serving cognitive distortions, psychopathic traits, and antisocial behavior in a non-clinical sample of adolescents. *Personality and Individual Differences, 51*(8), 887-892.; Sadistic Impulse Scale
- Buckels, E. E., Trapnell, P. D., & Paulhus, D. L. (2014). Trolls just want to have fun. *Personality and Individual Differences, 67,* 97-102.; Comprehensive Assessment of Sadistic Tendencies
- Jones & Neria. (2015). 앞의 글.
- Jonason, P. K., & Webster, G. D. (2010). The dirty dozen: A concise measure of the dark triad. *Psychological Assessment, 22*(2), 420.
- Moshagen, M., Hilbig, B. E., & Zettler, I. (2018). The dark core of personality. *Psychological Review, 125*(5), 656.

- Babiak, P., Hare, R. D., & McLaren, T. (2006). *Snakes in suits: When psychopaths go to work*. New York, NY: Regan Books. 이경식 (역). 직장으로 간 사이코패스. 렌덤하우스코리아.
- Babiak, P., & Hare, R. D. (2012). The B-Scan 360 Manual. Manuscript in preparation.
- Mathieu, C., & Babiak, P. (2016). Corporate psychopathy and abusive supervision: Their influence on employees' job satisfaction and turnover intentions. *Personality and Individual Differences, 91*, 102-106.
- Jones, D. N., & Hare, R. D. (2016). The mismeasure of psychopathy: A commentary on Boddy's PM-MRV. *Journal of Business Ethics, 138*(3), 579-588.
- Jones & Hare. (2016). 앞의 글.
- Berger, J. (2008). Ways of seeing. Penguin UK.
- Logan, C., & Johnstone, L. (Eds.). (2012). Managing clinical risk: *A guide to effective practice* (Vol. 3). Routledge.
- Shepherd & Griffiths, (2013). *Investigative Interviewing: The conversation management approach* (2nd ed.). Oxford, UK: Oxford University Press.
- Miller, A. K., Rufino, K. A., Boccaccini, M. T., Jackson, R. L., & Murrie, D. C. (2011). On individual differences in person perception: Raters' personality traits relate to their Psychopathy Checklist-Revised scoring tendencies. *Assessment, 18*(2), 253-260.
- Wong, S. (2000). Psychopathic offenders. Violence, crime and mentally disordered offenders: Concepts and methods for effective treatment and prevention, 87-112.
- Olver, M. E., Lewis, K., & Wong, S. C. (2013). Risk reduction treatment of high-risk psychopathic offenders: The relationship of psychopathy and treatment change to violent recidivism. *Personality Disorders: Theory, Research, and Treatment, 4*(2), 160.
- Caspi, A., Roberts, B. W., & Shiner, R. L. (2005). Personality development: Stability and change. *Annu. Rev. Psychol., 56*, 453-484.
- Newhill, C. E., Vaughn, M. G., & DeLisi, M. (2010). Psychopathy scores reveal heterogeneity among patients with borderline personality disorder. T*he Journal of Forensic Psychiatry & Psychology, 21*(2), 202-220.
- Karpman, B. (1941). On the need of separating psychopathy into two distinct clinical types: The symptomatic and the idiopathic. *Journal of Criminal Psychopathology.*
- Poythress, N. G., Edens, J. F., Skeem, J. L., Lilienfeld, S. O., Douglas, K. S., Frick, P. J., ... & Wang, T. (2010). Identifying subtypes among offenders with antisocial personality

disorder: A cluster-analytic study. *Journal of Abnormal Psychology, 119*(2), 389.

● Polaschek, D. L., & Daly, T. E. (2013). Treatment and psychopathy in forensic settings. *Aggression and Violent Behavior, 18*(5), 592-603.

● Forth, A. E., Kosson, D. S., & Hare, R. D. (2003). *Hare psychopathy checklist: Youth version.* Multi-Health Systems.

● Kolko, D. J., & Pardini, D. A. (2010). ODD dimensions, ADHD, and callous?unemotional traits as predictors of treatment response in children with disruptive behavior disorders. *Journal of Abnormal Psychology, 119*(4), 713.

● Hawkins, J. D., Herrenkohl, T., Farrington, D. P., Brewer, D., Catalano, R. F., & Harachi, T. W. (1998). A review of predictors of youth violence.

● Steinberg, L. (2009). Should the science of adolescent brain development inform public policy?. *American Psychologist, 64*(8), 739.

● Caldwell, M. F., Vitacco, M., & Van Rybroek, G. (2006). Are violent delinquents worth treating? A cost-effectiveness study. *Journal of Research in Crime and Delinquency, 43*(96), 148-168.

● Andrews, D. A., & Bonta, J. (2010). *The psychology of criminal conduct.* Routledge. 김시업 (역). 범죄심리학(5판). 학지사.

● Andrews & Bonta. (2010). 앞의 책.

● Andrews & Bonta. (2010). 앞의 책.

● Henggeler, S. W., Schoenwald, S. K., Borduin, C. M., Rowland, M. D., & Cunningham, P. B. (1998). Treatment manuals for practitioners.

● Patrick, C. J., Venables, N. C., Yancey, J. R., Hicks, B. M., Nelson, L. D., & Kramer, M. D. (2013). A construct-network approach to bridging diagnostic and physiological domains: Application to assessment of externalizing psychopathology. *Journal of Abnormal Psychology, 122*(3), 902.

● Wong, S., & Hare, R. D. (2005). *Program guidelines for the institutional treatment of violent psychopaths.* Toronto, Ontario, Canada: Multi-Health Systems.

● Miller, W. R., & Rollnick, S. (2013). Applications of motivational interviewing.

● D'Amico, E. J., Houck, J. M., Hunter, S. B., Miles, J. N., Osilla, K. C., & Ewing, B. A. (2015). Group motivational interviewing for adolescents: Change talk and alcohol and marijuana outcomes. *Journal of Consulting and Clinical Psychology, 83*(1), 68.

● Slavet, J. D., Stein, L. A. R., Colby, S. M., Barnett, N. P., Monti, P. M., Golembeske Jr, C., & Lebeau-Craven, R. (2006). The marijuana ladder: Measuring motivation to change marijuana use in incarcerated adolescents. *Drug and Alcohol Dependence, 83*(1), 42-48.

● D'Amico et al. (2015). 앞의 글.

- Brown, R. A., Abrantes, A. M., Minami, H., Prince, M. A., Bloom, E. L., Apodaca, T. R., ... & Matsko, S. V. (2015). Motivational interviewing to reduce substance use in adolescents with psychiatric comorbidity. *Journal of Substance Abuse Treatment, 59*, 20-29.
- Clair-Michaud, M., Martin, R. A., Stein, L. A., Bassett, S., Lebeau, R., & Golembeske, C. (2016). The impact of motivational interviewing on delinquent behaviors in incarcerated adolescents. *Journal of Substance Abuse Treatment, 65*, 13-19.
- Salekin, R. T., Tippey, J. G., & Allen, A. D. (2012). Treatment of conduct problem youth with interpersonal callous traits using mental models: Measurement of risk and change. *Behavioral Sciences & the Law, 30*(4), 470-486.
- Wong, S. C., Gordon, A., Gu, D., Lewis, K., & Olver, M. E. (2012). The effectiveness of violence reduction treatment for psychopathic offenders: Empirical evidence and a treatment model. *International Journal of Forensic Mental Health, 11*(4), 336-349.
- Wong, S. C. (2000). *Violence reduction program: Program management manual.* Department of Psychology, University of Saskatchewan. 서종한 (역). 폭력감소 프로그램 매뉴얼.
- Wong. (2000). 앞의 글.
- 대표적인 예로 흑백 사고의 오류, 파국적 사고, 과 일반화, 의미 축소 혹은 확대 등이 있음. 자세한 내용은 VRP 매뉴얼(서종한 역)을 참고.
- Tew, J., & Atkinson, R. (2013). The Chromis programme: from conception to evaluation. *Psychology, Crime & Law, 19*(5-6), 415-431.
- Davidson, K. (2007). *Cognitive therapy for personality disorders: A guide for clinicians.* Routledge.
- Morris, J. (2010). Costs in context: A report on the function of the Westgate DSPD unit. Unpublished manuscript.
- Liell, G. (2009). Chromis: Cohort of cognitive skills completers?activities and adjudications. Unpublished manuscript. 미주

270

찾아보기

우리 옆집에는
사이코패스가 산다

1판 1쇄 발행 | 2020년 09월 19일
1판 3쇄 발행 | 2022년 12월 26일

지은이 | 서종한
펴낸이 | 김경배
편 집 | 박기현
펴낸곳 | 시간여행
디자인 | 디자인[연:우]
등 록 | 제313-210-125호 (2010년 4월 28일)
주 소 | 경기도 고양시 덕양구 지도로 84, 5층 506호(토당동, 영빌딩)
전 화 | 070-4350-2269
이메일 | jisubala@hanmail.net

종 이 | 화인페이퍼
인 쇄 | 한영문화사

ISBN 979-11-90301-08-4 (03180)

* 이 책의 내용에 대한 재사용은 저작권자와 시간여행의 서면 동의를 받아야만 가능합니다.
* 잘못 만들어진 도서는 구입한 곳에서 바꾸어 드립니다.

이 도서의 국립중앙도서관 출판예정도서목록(CIP)은
서지정보유통지원시스템 홈페이지(http://seoji.nl.go.kr)와
국가자료종합목록 구축시스템(http://kolis-net.nl.go.kr)에서 이용하실 수 있습니다.
(CIP제어번호 : CIP2020036838)